# Teoria teológica
## Práxis teologal

**Sobre o método da Teologia da Libertação**

Francisco de Aquino Júnior

prefácio de **Pedro Casaldáliga**
posfácio de **Leonardo Boff**

Dados Internacionais de Catalogação na Publicação (CIP)
(Câmara Brasileira do Livro, SP, Brasil)

Aquino Júnior, Francisco de
    Teoria teológica : práxis teologal sobre o método da teologia da libertação/ Francisco de Aquino Júnior ; prefácio de Pedro Casaldáliga ; posfácio de Leonardo Boff. -- São Paulo : Paulinas, 2012. -- (Coleção percursos & moradas)

    Bibliografia
    ISBN 978-85-356-3218-7

    1. Teologia da libertação    2. Teoria teológica I. Casaldáliga, Pedro.  II. Boff, Leonardo.  III. Título. IV. Série.

12-06553                                      CDD-261.8

Índice para catálogo sistemático:

1. Práxis teologal : Teologia da libertação : Teologia social : Cristianismo    261.8

**Paulinas Editora**

Direção-geral: *Bernadete Boff*
Conselho editorial  *Dr. Afonso M. L. Soares*
*Dr. Antonio Francisco Lelo*
*Me. Luzia Maria de Oliveira Sena*
*Dra. Maria Alexandre de Oliveira*
*Dr. Matthias Grenzer*
*Dra. Vera Ivanise Bombonatto*
Editores responsáveis: *Vera Ivanise Bombonatto e Afonso M. L. Soares*
Copidesque: *Ana Cecilia Mari*
Coordenação de revisão: *Marina Mendonça*
Revisão: *Ruth Mitzuie Kluska*
Assistente de arte: *Ana Karina Rodrigues Caetano*
Gerente de produção: *Felício Calegaro Neto*
Projeto gráfico: *Wilson Teodoro Garcia*

1ª edição – 2012
1ª reimpressão – 2017

Nenhuma parte desta obra poderá ser reproduzida ou transmitida por qualquer forma e/ou quaisquer meios (eletrônico ou mecânico, incluindo fotocópia e gravação) ou arquivada em qualquer sistema ou banco de dados sem permissão escrita da Editora. Direitos reservados.

Paulinas
Rua Dona Inácia Uchoa, 62
04110-020 – São Paulo – SP (Brasil)
Tel.: (11) 2125-3500
http://www.paulinas.org.br – editora@paulinas.com.br
Telemarketing e SAC: 0800-7010081
© Pia Sociedade Filhas de São Paulo – São Paulo, 2012

*Para Manfredo Oliveira,
filósofo-teólogo da libertação.*

# Sumário

Carta-prefácio (Pedro Casaldáliga) ............................................................. 7

Introdução .................................................................................................. 9

1. Atualidade da teologia da libertação ................................................... 15
   Teologia da libertação .......................................................................... 16
   Atualidade da teologia da libertação ................................................... 23
   Desafios permanentes da teologia da libertação ................................. 27
   A modo de conclusão-convocação ...................................................... 37

2. Gustavo Gutiérrez e o método da teologia da libertação ..................... 39
   Compreensão e formulação da TdL e de seu método ......................... 40
   Apreciação crítica ................................................................................ 47

3. Clodovis Boff e o método da teologia da libertação:
   uma aproximação crítica ...................................................................... 51
   Compreensão e formulação da TdL e de seu método ......................... 52
   Apreciação crítica ................................................................................ 63
   A modo de conclusão .......................................................................... 68

4. A teologia como *intellectus amoris*: a propósito de crítica
   de Clodovis Boff a Jon Sobrino ............................................................ 69
   Tese de Jon Sobrino ............................................................................ 70
   Crítica de Clodovis Boff à tese de Jon Sobrino ................................... 80
   Crítica à crítica de Clodovis Boff ......................................................... 88
   A modo de conclusão .......................................................................... 101

5. "A teologia como momento ideológico da práxis eclesial": uma aproximação à teologia de Ignacio Ellacuría ........................... 103
   A modo de conclusão ................................................................. 130

6. Teologia e martírio: nos 20 anos do martírio de Ignacio Ellacuría ............................................................... 132
   Teologia e martírio .................................................................... 133
   Método da teologia da libertação ............................................. 139
   Memória teológico-martirial ..................................................... 148
   A modo de conclusão ............................................................... 150

7. Sobre o conceito "lugar teológico" ............................................. 152

Posfácio (Leonardo Boff) .................................................................. 157

# Carta-prefácio

*Pedro Casaldáliga*

## Carta aberta ao teólogo Júnior

Querido Júnior, irmão, companheiro da caminhada,

Este livro teu – *Teoria teológica: práxis teologal* – tem um especial valor por ser teu. Você é nordestino e é um teólogo jovem que assumiu a Teologia da Libertação como alma pensante dessa Igreja que sonhamos, seguidora de Jesus, bem no meio do povo, consagrada pelo sangue dos mártires, com um sotaque latino-americano mesmo, inculturada na história, nas lutas, nas esperanças dos povos da nossa América.

Eu te dizia que fosses sempre um teólogo teologal, que mexe com pensamentos e com palavras, mas sobretudo mexe apaixonadamente com o sangue, o pranto, o grito, o canto desta terra, convulsionada mas pipocando de utopia pascal em toda sua geografia. Nossos teólogos veteranos nos têm recordado sempre de que a Teologia da Libertação é da ortopráxis, uma "Teoria Teológica, como você diz, mas de Práxis Teologal". Trata-se de "praticar Deus", nos recorda o mestre Gustavo Gutiérrez. E o querido Jon Sobrino, companheiro entranhável de Ellacuría, pensa a teologia como "intelecção de amor".

Vens dedicando longos dias e noites mergulhando, mais concretamente, no "método da Teologia da Libertação segundo Ignacio Ellacuría", nosso filósofo-teólogo obsessionado com a realidade: conhecer a realidade, carregar a realidade, transformar a realidade. Se os pensadores marxistas repetem que não se trata principalmente de filosofar sobre a realidade senão de transformá-la, com maior razão, pela força da Encarnação do Verbo, os pensadores cristãos devem urgir sempre esse serviço, que é profecia, de transformação do mundo em Reino.

Tua tese doutoral, *A Teologia como intelecção do Reinado de Deus*, é uma verdadeira contribuição histórica. No prefácio da tese, editada por Loyola, Francisco Taborda sublinha esse caráter de *kairós* histórico que a tese tem. "Nela, diz Taborda, se manifesta que a Teologia da Libertação não só não está morta, senão que está mais viva do que nunca, tendo chegado a uma maturidade que ainda não conseguira alcançar nos quarenta anos anteriores. Ela volta... como uma exigência da realidade da fé, com uma força especulativa que dará o que fazer a quem quiser combatê-la... Com o livro de Júnior (a tese) a Teologia da Libertação chega à maturidade de uma fundamentação de indiscutível solidez."

Tu, como menino batizado nas águas e nas secas do Nordeste, nos dás uma grande lição e, sobretudo, nos dás um testemunho vital. Como ao profeta Elias, te espera um longo caminho. Júnior, sê fiel, sempre pé no chão, na opção pelos pobres, coração com o coração do povo, caminhando e teologando, sendo e fazendo Igreja samaritana e profética, serviçal e ecumênica. O Espírito do Crucificado-Ressuscitado abre caminho e sustenta os passos, e muitos irmãos e irmãs nos acompanham até com a palma do martírio, entre eles esse Ignacio Ellacuría que tu nos ajudas a descobrir.

Obrigado! Valeu, Júnior! Valeram essas longas horas de investigação e de saudade. Obrigado por esta Antologia de textos oportunos e pontuais, livro da caminhada, síntese da tese doutoral. Eu quero sublinhar particularmente o capítulo seis: "Teologia e martírio: nos 20 anos do martírio de Ignacio Ellacuría", memória-teológico-martirial. Na Prelazia de São Félix do Araguaia celebramos, em 2011, nos dias 16 e 17 de julho, a Romaria dos Mártires da Caminhada. Com um lema-tema que define nossos mártires e deveria definir todas as nossas vidas: "Testemunhas do Reino". Tu nos recordas muito bem de que teologia e martírio são diaconia do Reinado de Deus.

À famosa pergunta, bem ou mal-intencionada, sobre "que resta da Teologia da Libertação", a gente responde que restam Deus e os Pobres. A partir de agora vamos dizer que restam também teólogos como Francisco de Aquino Júnior.

# Introdução

Em 1971 Gustavo Gutiérrez publicou um livro que se tornou clássico por marcar o início e dar nome ao movimento teológico-pastoral latino-americano: *Teologia da Libertação*[1] (TdL). Essa obra, além de ter sido um dos principais veículos de difusão dessa teologia, adquiriu um valor simbólico, tornando-se como que seu marco teórico inicial. Não por acaso, Pedro Casaldáliga se refere a Gutiérrez como "maestro antiguo", "'suma' criolla de la liberación", "Tomasito de América Latina".

Na primeira parte do livro, Gutiérrez esboça a estrutura teórica fundamental do que apresenta como uma "nova maneira de fazer teologia":[2] "a teologia como reflexão crítica da práxis histórica à luz da Palavra".[3] Trata-se, aqui, diz ele, de

> uma teologia libertadora, uma teologia da transformação libertadora da história da humanidade [...]. Uma teologia que não se limita a pensar o mundo, mas procura situar-se como um momento do processo por meio do qual o mundo é transformado: abrindo-se [...] ao dom do Reino de Deus.[4]

Posteriormente, em um artigo que trata da "teologia a partir do reverso da história" e que se encontra no seu livro *A força histórica dos pobres*,[5] Gutiérrez formula de modo bastante condensado e certeiro o que considera as "duas intuições centrais" da TdL. Intuições que "foram as primeiras cronologicamente e que continuam constituindo a sua coluna vertebral". Trata-se do "método teológico" (primado da práxis) e da "perspectiva do pobre" ("classes exploradas, raças marginalizadas, culturas desprezadas").[6] Todas as teologias da libertação, não obstante suas especificidades e diferenças,

---

[1] Cf. GUTIÉRREZ, Gustavo. *Teologia da Libertação*: perspectivas. São Paulo: Loyola, 2000.
[2] Ibid., pp. 73.
[3] Ibid., pp. 71.
[4] Ibid., pp. 73s.
[5] Cf. id. *A força histórica dos pobres*. Petrópolis: Vozes, 1981, pp. 245-313.
[6] Ibid., p. 293.

caracterizam-se e configuram-se, precisamente, como teologias da práxis (primado da práxis) de libertação (perspectiva do pobre/oprimido). De modo que, no fim das contas, o problema teórico fundamental da TdL e de seu método circunscreve-se rigorosamente na problemática teoria-práxis ou, na formulação mais precisa e rigorosa de Ignacio Ellacuría, "teoria teológica – práxis teologal".[7]

O problema aqui reside na diversidade e até antagonismo de concepções de práxis e de teoria e, sobretudo, da relação entre ambas. Com raríssimas exceções, os teólogos da libertação quase nunca se confrontaram de modo mais profundo e consequente com essa problemática. E os poucos que o fizeram, Clodovis Boff e Ignacio Ellacuría, partiram de pressupostos teóricos tão diferentes que chegaram a conclusões não apenas distintas, mas, sob certos aspectos, até mesmo contrárias.

Clodovis Boff, apoiado numa concepção idealista do saber e do conhecimento (Aristóteles, Tomás de Aquino, Althusser),[8] chega a afirmar que "as coisas reais permanecem atrás do processo cognitivo",[9] que "a práxis não é mediação teórica alguma"[10] e que "uma prática teológica como tal só é 'culpável' dos critérios de sua gramática, isto é, do conjunto das regras que organizam seu discurso".[11] É como se o conhecimento fosse autossuficiente, complemento independente da realidade, reduzido a seu momento discursivo, e como se a verdade se reduzisse à coerência interna e ao rigor da argumentação, independentemente de se esse sistema discursivo, por mais coerente e lógico que seja, expressa/traduz ou não a realidade tal como ela é e se dá a conhecer. Nesta perspectiva, é claro, a práxis não é um momento constitutivo do processo de conhecimento teológico enquanto tal. Na formulação de Boff, ela pode ser "matéria-prima" da teologia e/ou "meio no qual"

---

[7] Cf. ELLACURÍA, Ignacio. Relación teoría y praxis en la teología de la liberación. *Escritos Teológicos I*. San Salvador: UCA, 2000, pp. 235-245.

[8] BOFF, Clodovis. *Teologia e prática*: teologia do político e suas mediações. Petrópolis: Vozes, 1993, pp. 22, 29ss; Id. Como vejo a teologia latino-americana trinta anos depois. In: SUSIN, Luis Carlos (org.). *O mar se abriu*: trinta anos de teologia na América Latina. São Paulo: Loyola, 2000, pp. 79-95, aqui p. 86.

[9] BOFF, *Teologia e prática*, cit., p. 147.

[10] Id. Teologia e prática. *REB* 36/144 (1976) 789-810, aqui p. 796.

[11] Id., *Teologia e prática*, cit., p. 60.

o teólogo vive (*medium in quo*), mas jamais "meio com o qual" se faz teologia (*medium quo*).[12] Consequentemente, o ponto de partida e o princípio fundamental da teologia *só* podem ser para Boff a positividade da fé (*fides quae*),[13] embora reconheça que em seu fazer teológico a teologia oriental tenha privilegiado a dimensão experiencial da fé (*fides qua*) e a TdL tenha privilegiado a dimensão práxica da fé.[14] Boff assume, portanto, uma concepção do saber e do conhecimento, na qual a práxis não interfere diretamente na teoria teológica: fica antes (pressuposto) ou depois (visada).[15] E, assim, além de reduzir o conhecimento teológico a seu momento discursivo e de não assumir de modo consequente a mediação práxica de toda linguagem (também teológica), acaba negando a "densidade epistemológica da práxis", que, ao menos teoricamente, chega a admitir em algum momento.[16] Com isso, nega, de fato, uma das intuições e um dos princípios teóricos mais fecundos e mais determinantes dessa "maneira nova de fazer teologia" que é a TdL: o primado da práxis. E ao negar o caráter práxico do conhecimento, acaba negando a outra intuição fundamental e determinante da TdL enquanto teoria: a perspectiva do pobre e oprimido como lugar teológico fundamental, como se o conhecimento fosse neutro e estivesse acima dos interesses e conflitos sociais.

Ignacio Ellacuría, por sua vez, apoiado numa concepção práxico-realista do saber e do conhecimento (Xavier Zubiri):[17] (1) compreende a intelecção humana como apreensão da realidade e enfrentamento com ela;[18] (2) afirma que "a principal fonte de luz [da teoria] é, certamente, a realidade e não – quem sabe – condições apriórias do sujeito humano", embora precisando que "essa realidade só é fonte de luz referida à inteligência, a

---

[12] Cf. ibid., pp. 157, 377, 385.
[13] Id. *Teoria do método teológico*. Petrópolis: Vozes, 1998, pp. 111; Id. Retorno à *arché* da teologia. In: SUSIN, Luis Carlos (org.). *Sarça ardente*. Teologia na América Latina: prospectiva. São Paulo: Paulinas, 2000, pp. 145-187, aqui p. 148s.
[14] Cf. id. Teología. In: TAMAYO-ACOSTA, Juan José. *Nuevo diccionario de teología*. Madrid: Trotta, 2005, pp. 866-870, aqui p. 866s.
[15] BOFF, *Teologia e prática*, cit., p. 147.
[16] Id. Prefácio autocrítico. In: Ibid., pp. III-XII, aqui p. V.
[17] Cf. ELLACURÍA, Ignacio. Hacia una fundamentación del método teológico latinoamericano, cit., pp. 187-218, aqui p. 206, nota 32.
[18] Cf. ibid., p. 207.

uma inteligência, claro, que, por sua vez, está vertida à realidade";[19] (3) fala da teoria como um momento da práxis: "momento teórico da práxis"[20] e, consequentemente, trata a "teoria teológica" como um momento da "práxis teologal".[21] Evidentemente, trata-se de *um* momento irredutível com estrutura e dinamismo próprios, com exigências, atividades e aparato técnico específicos, mas de um *momento* de um processo mais amplo que é a práxis teologal – a realização histórica do reinado de Deus. Nesta perspectiva, a "práxis teologal" não fica simplesmente atrás (pressuposto) ou na frente (visada) da "teoria teológica", como para Boff, mas é parte do próprio processo de construção da "teoria teológica" (*medium quo*). Seja na medida em que constitui a realidade a ser teologizada e, assim, determina, de alguma forma, seu acesso intelectivo; seja na medida em que produz e/ou medeia as próprias possibilidades intelectivas (estruturas de pensamento, conceitos etc.); seja na medida em que direciona o fazer teológico em função de determinados interesses mais ou menos legítimos do ponto de vista evangélico; seja na medida em que se constitui em lugar de historicização e de verificação da teoria teológica. Ellacuría parte, portanto, de uma concepção do saber e do conhecimento que lhe permite superar a tradicional e dominante visão idealista do conhecimento teológico, da qual Boff é um exemplo exímio, e assumir, de modo consequente, teórica e teologicamente, a "densidade epistemológica da práxis" e, com ela, o caráter determinante do lugar social dos pobres e oprimidos no fazer teológico.

E esta é a problemática fundamental com a qual se confronta este "livro" ou esta coletânea de artigos, como já indica seu próprio título: *Teoria teológica – práxis teologal: sobre o método da Teologia da Libertação*. Trata-se, portanto, de um livro sobre o método da TdL, formulado nos termos da relação "teoria teológica" – "práxis teologal". Mas com uma característica

---

[19] Id. Función liberadora de la filosofía. *Escritos Políticos I*. San Salvador: UCA, 1993, pp. 93-121, aqui p. 105. "A realidade faz seu trabalho, mas a inteligência também faz o seu e a respectividade entre ambas adquire modalidades distintas que, sem negar ou anular a prioridade da realidade, não nega o dinamismo e mesmo a atividade próprios da mente humana, em seu afã de arrancar da realidade toda sua luz mediante enfoques distintos que a própria inteligência vai gerando" (Ibid.).

[20] Ibid., p. 111.

[21] Cf. Id. Relación teoría y praxis en la teología de la liberación, cit., p. 235; Id. La teología como momento ideológico de la praxis eclesial, cit., pp. 163-185, aqui p. 171.

muito peculiar: ele não consiste numa abordagem sistemática da problemática (como minha tese doutoral publicada pela Loyola[22]), mas na análise e no confronto da concepção de TdL e de seu método em alguns dos teólogos que mais contribuíram para a explicitação de seu estatuto teórico: Gustavo Gutiérrez, Clodovis Boff, Jon Sobrino e Ignacio Ellacuría. Para ser mais preciso, partindo das intuições e do esboço de Gutiérrez, o livro explicita e confronta as duas posturas teóricas fundamentais sobre a problemática teoria-práxis na TdL, a partir de seus principais representantes: Boff x Sobrino e Ellacuría.

O primeiro capítulo trata da "atualidade da TdL" em sua dupla dimensão teoria-práxis, em sua estrutura fundamental e em suas características e desafios mais importantes. O segundo e o terceiro capítulos apresentam as contribuições de Gustavo Gutiérrez e de Clodovis Boff, respectivamente, para a definição e formulação do estatuto teórico dessa teologia. O quarto capítulo se confronta criticamente com a crítica de Clodovis Boff à tese de Jon Sobrino da TdL como *intellectus amoris*, procurando explicitar os pressupostos teórico-teológicos de ambas as posturas e o conflito entre elas. O quinto e o sexto capítulos abordam o enfoque e a contribuição de Ignacio Ellacuría para a explicitação e fundamentação do método da TdL. O sétimo capítulo esboça os dois sentidos fundamentais da expressão "lugar teológico" no debate teológico contemporâneo: "fontes" ou "domicílios" de argumentos teológicos (Melchor Cano) e mundo dos pobres e oprimidos como "lugar social" (Ignacio Ellacuría – Jon Sobrino). Por fim, o prefácio de Pedro Casaldáliga e o posfácio de Leonardo Boff, duas das principais referências da Igreja e da TdL na América latina, para além das luzes que lançam sobre a problemática do método teológico, indicam o chão e a tradição teológico-eclesial em que se insere essa discussão e a partir de onde e em função do que ela tem sentido: a Igreja dos pobres e sua teologia da libertação.

Certamente, a teoria teológica é mais importante e mais urgente que a discussão sobre o método teológico, assim como a práxis teologal é mais importante e mais urgente que a teoria teológica. Mas nem a práxis teologal prescinde da teoria teológica (mais ou menos consciente e elaborada) nem a

---

[22] Cf. AQUINO JÚNIOR, Francisco de. *A teologia como intelecção do reinado de Deus*: o método da teologia da libertação segundo Ignacio Ellacuría. São Paulo: Loyola, 2010.

teoria teológica se faz sem um método concreto (mais ou menos adequado e elaborado). A teoria teológica é um momento da práxis teologal e o método teológico é um momento da teoria teológica. De modo que, sem perder de vista a unidade do processo práxico-teórico-metodológico nem a prioridade e a urgência históricas do práxico sobre o teórico e do teórico sobre o metodológico, é preciso desenvolver ao máximo e do modo mais consequente e profundo possível cada um desses momentos naquilo que tem de mais próprio e específico. Neste sentido, precisamente, justifica-se e faz sentido a discussão sobre o método da teológica da libertação desenvolvida neste "livro" em diálogo crítico com seus principais autores. Uma modesta contribuição à Igreja e à teologia da libertação – sacramento e instrumento do reinado de Deus neste mundo, cujo critério e cuja medida são sempre as necessidades dos pobres e oprimidos, n'Ele, juízes e senhores de nossas vidas, Igrejas, teologias e metodologias (Mt 25,31-46).

# 1
# Atualidade da teologia da libertação[1]

Há pelo menos duas décadas vem-se discutindo sobre a *atualidade* da teologia da libertação (TdL).[2] Fala-se de crise dessa teologia, discute-se sua relevância, sua pertinência, sua oportunidade etc. Pouco importa, aqui, a nomenclatura. Importa, por um lado, a realidade ou o fato a que ela remete: que a TdL perdeu sua atualidade e que muitos ou alguns recusam-se a aceitar esse fato ou que ela continua atual e que alguns ou muitos insistem em relegá-la ao passado. E importa, por outro lado, os interesses que estão por trás das distintas posturas que se tomam nessa discussão: afirmar ou negar um jeito de viver/pensar a fé e de ser igreja com enormes implicações e consequências na sociedade e na própria igreja. Na verdade, quem afirma ou nega a atualidade da TdL o faz sempre, em alguma medida, consciente ou inconscientemente, a partir e em função de certos interesses eclesiais e/ou sociais. E isso se pode constatar facilmente. Basta ver os vínculos eclesiais e sociais, o centro de interesses, a postura em questões mais polêmicas, os gostos litúrgicos, a relação com autoridades etc de quem afirma ou nega tal atualidade. De modo que nessa discussão está em jogo muito mais do que a mera objetividade de um fato: atualidade ou não de uma teologia. Está em jogo a afirmação ou negação de um determinado dinamismo eclesial e social que não deixa de ameaçar ou pelo menos de incomodar certos interesses eclesiais e sociais.

---

[1] Publicado na revista *Convergência* 422 (2009) 347-397.

[2] Cf. VIGIL, J. M. *Embora seja noite*: a hora espiritual da América Latina nos anos 90. São Paulo: Paulinas, 1997; Id. Mudança de paradigma na teologia da libertação? *REB* 230 (1998) 311-328; PALÁCIO, C. Trinta anos de teologia na América Latina. In: SUSIN, L. C. (org.). *O mar se abriu*, cit., pp. 51-64; GONZÁLEZ, A. El pasado de la teología y el futuro de la liberación. Disponível em: <http://www.praxeologia.org/teologialiberacion.html>.

Pois bem, nesta discussão, situamo-nos dentro do movimento teológico-pastoral conhecido como "teologia da libertação" e, a partir de dentro, queremos refletir sobre sua atualidade e contribuir com o fortalecimento e desenvolvimento de seu dinamismo. Para isso, explicitaremos, em primeiro lugar, o que entendemos por TdL; em segundo lugar, mostraremos em que sentido se pode e se deve falar de atualidade dessa teologia; por fim, em terceiro lugar, chamaremos atenção para alguns dos pontos mais determinantes dessa teologia e que constituem desafios permanentes para ela.

## Teologia da libertação

Por trás da expressão "teologia da libertação" está um movimento teológico-pastoral extremamente rico, plural e complexo, cujas fronteiras são muito difíceis de serem demarcadas. Na verdade, nem se deveria falar de TdL no singular, pois não existe *a* TdL. Existem muitas teologias da libertação.

A pluralidade e complexidade que caracterizam esse movimento estão constituídas por uma diversidade geográfica (América Latina, África, Ásia, EUA, Europa),[3] por uma diversidade de enfoques ou perspectivas (pobreza, gênero, etnia, cultura, ecologia, pluralismo religioso),[4] por uma diversidade de acento nas mediações práticas (CEBs, pastoral social, movimento social, partido etc.) e teóricas (ciências sociais, antropologia, filosofia etc.) e por uma diversidade de problemas/temas enfrentados e formulados (cristologia, trindade, eclesiologia, sociedade, economia, gênero, cultura etc.). Dependendo do problema, do lugar geográfico, da perspectiva e da mediação prático-teórica priorizada, a TdL terá uma configuração ou outra.

Evidentemente, não podemos desenvolver, aqui, essa diversidade de aspectos ou elementos que caracteriza e configura o movimento plural e complexo denominado TdL. Isso nos levaria longe demais. Para o nosso intento, é suficiente explicitar os dois sentidos fundamentais da expressão TdL (A) e

---

[3] Cf. VV. AA. Teologias do Terceiro Mundo: convergências e diferenças. Revista *Concilium* 219 (1988). Número monográfico.

[4] Cf. LIBÂNIO, J. B.; MURAD, A. *Introdução à teologia*. Perfil, enfoques, tarefas. São Paulo: Loyola, 1996, pp. 254-283.

o que consideramos com Gustavo Gutiérrez suas "intuições centrais" ou sua "coluna vertebral" (B). São aspectos constitutivos e determinantes de todas as teologias da libertação ou, se se quer, o que há de comum em todas elas.

## A. Expressão "teologia da libertação"

A expressão "teologia da libertação" indica tanto um *movimento eclesial mais ou menos reflexo*, isto é, um jeito de ser igreja, de viver e celebrar a fé, uma práxis pastoral, quanto seu *momento mais explícita e estritamente reflexivo*, isto é, sua elaboração e formulação teórico-conceitual. Na formulação mais precisa de Ignacio Ellacuría, ela designa tanto uma "práxis teologal" quanto uma "teoria teológica" em uma *unidade estrutural* (teoria-práxis) mais ou menos tensa e consequente.[5] Trata-se, portanto, de um movimento teológico-pastoral, práxico-teórico, teologal-teológico, como queira. Pertence a esse movimento tanto quem toma parte nessa práxis teologal (povo de Deus em geral e, dentro dele, quem exerce algum ministério, ordenado ou não) quanto quem se dedica a seu momento mais explicitamente teórico-teológico (pregação, catequese, formação e teologia no sentido mais estrito do termo); tanto o famoso teólogo Leonardo Boff e o grande bispo profeta Pedro Casaldáliga, quanto as inúmeras organizações e lideranças eclesiais, famosas ou anônimas, quanto, ainda, todos os que se vinculam e, de uma forma o de outra, tomam parte nesse jeito de ser igreja, de viver e pensar a fé.

A TdL é, antes de tudo, uma "práxis teologal": um jeito de viver e celebrar a fé, um jeito de atuar e intervir na sociedade, um jeito de configurar a vida individual e coletiva, eclesial e social etc. Trata-se do jeito de viver e agir de Jesus de Nazaré, o Cristo. Por isso mesmo, a práxis que caracteriza a TdL é a práxis do seguimento de Jesus de Nazaré que consiste na realização histórica do reinado de Deus.[6] Antes de ser uma teoria bem elaborada e formulada, a TdL é um dinamismo eclesial, uma práxis. Esse é o sentido fundamental da formulação, um tanto ambígua, de Gustavo Gutiérrez da teologia

---

[5] Cf. ELLACURÍA, I. Relación teoría y praxis en la teología de la liberación. *Escritos Teológicos I*. San Salvador: UCA, 2000, pp. 235-245.

[6] Cf. ibid., p. 235.

como "ato segundo" frente à práxis de fé como "ato primeiro".[7] Sem essa práxis não se pode falar de TdL, por mais irredutível e importante que seja seu momento estritamente teórico. E essa é a razão pela qual sempre que se fala de TdL pensa-se, imediatamente, nas CEBs, nas pastorais sociais, nos grupos eclesiais que acentuam mais a dimensão práxica e social da fé e nos cristãos engajados nos movimentos e nas lutas populares ou, de alguma forma, sensíveis e solidários a essas causas. Para evitar mal-entendidos no que diz respeito ao sentido da expressão "práxis teologal", convém fazer algumas precisões, ainda que em forma de teses. Em primeiro lugar, a práxis teologal não se opõe à teoria teológica nem a substitui. Não existe práxis que prescinda completamente de intelecção nem intelecção que prescinda completamente da práxis. Toda teoria é teoria de uma práxis e toda práxis tem um momento teórico irredutível que precisa ser desenvolvido. Em segundo lugar, a práxis teologal não se reduz a nenhuma de suas modalidades ou configurações. Pode-se enfatizar/priorizar um aspecto ou outro (social, econômico, gênero etc.). Mas qualquer reducionismo é arbitrário e, no fim das contas, empobrecedor e comprometedor do dinamismo do reinado de Deus que diz respeito a todas as dimensões da vida humana. Em terceiro lugar, o caráter teologal da práxis diz respeito à sua respectividade objetiva ao dinamismo do reinado de Deus: contribui/favorece (graça) x dificulta/impede (pecado), para além de toda boa intenção, da qual, como diz o dito popular, "o inferno está cheio". É algo real antes que re-flexo e diz respeito a toda e qualquer práxis, da mais "religiosa" à mais "profana".

Mas, além de uma "práxis teologal" mais ou menos reflexa e como aprofundamento e desenvolvimento de seu momento intelectivo, a TdL pretende ser uma "teoria teológica" no sentido mais estrito da palavra: "máximo exercício racional e 'científico' possível sobre seu objeto englo-

---

[7] Cf. GUTIÉRREZ, G. *Teología de la liberación*. Perspectivas. Lima: CEP, 1988, p. 81; Id. *La verdad los hará libres*: confrontaciones. Lima: CEP, 1986, pp. 12s. A ambiguidade reside na formulação da questão nos termos de "atos" e, sobretudo, de "ato primeiro" e "ato segundo", como se fossem duas coisas separadas e independentes. Na verdade, como reconhece o próprio Gutiérrez, em toda práxis de fé há um "esboço de teologia" (GUTIÉRREZ, *Teología de la liberación*, cit., p. 67) e a teologia é sempre, de alguma forma, "um momento" dessa práxis (Ibid., p. 87). Por isso mesmo, seria mais correto e mais preciso falar da teologia, simplesmente, como "um momento" da práxis de fé.

bante que é o reino de Deus".[8] Embora nem sempre desenvolvendo e elaborando suficientemente sua reflexão, nem sempre conseguindo as melhores formulações e muitas vezes, pela urgência pastoral ou precariedade dos meios, protelando tal empreendimento, a TdL sempre pretendeu e sempre se esforçou por constituir-se como "algo estritamente teológico" e como "algo que possa estimar-se como uma teologia total".[9] Até que ponto e em que medida tem alcançado tal meta é algo a ser verificado em cada caso, sem esquecer que ela é uma tarefa em construção. Mas quanto à pretensão e aos esforços, não há nenhuma dúvida. Enquanto "algo estritamente teológico", a TdL nem é antropologia, nem sociologia, nem politologia, nem ciência da religião etc., mas *teologia*. O fato de priorizar a mediação das ciências sócio-históricas

> não implica necessariamente que se transforme em uma dessas ciências com linguagem teológica, assim como a preferência clássica pela mediação filosófica não fazia necessariamente da teologia uma forma de filosofia.[10]

Enquanto "teologia total", ela não é uma teologia do político ou do social ou mesmo da libertação, se esta é entendida como um tema entre outros. Como dizia Gustavo Gutiérrez, a TdL "não nos propõe tanto um tema novo para a reflexão, mas uma maneira nova de fazer teologia".[11] Ela pretende tratar da "práxis teologal" em sua totalidade, sem se reduzir a nenhum de seus aspectos ou dimensões, por mais que a urgência sociopastoral a obrigue a dar maior atenção a questões socioeconômicas, de gênero, cultura, ecologia etc. Não é, portanto, uma teologia do social ou político, mas uma teologia da realização histórica do reinado de Deus – seja no que tem "de Deus" (totalidade do Deus revelado por Jesus e em Jesus), seja no que tem de realização histórica de seu "reinado" (história como lugar de

---

[8] ELLACURÍA, op. cit.
[9] Id. Teología de la liberación frente al cambio socio-histórico en América Latina, cit., pp. 313-345, aqui p. 314.
[10] Ibid., p. 315.
[11] GUTIÉRREZ, op. cit., p. 87.

presença e atuação do Deus de Jesus), mas em sua unidade estrutural de "reinado de Deus".[12]

De modo que quando se fala de TdL, fala-se tanto de um movimento eclesial (práxis) quanto de seu momento mais estritamente intelectivo (teoria), ou seja, fala-se tanto de uma "práxis teologal" quanto de uma "teoria teológica" em sua unidade estrutural, ainda que se ponha o acento numa ou noutra.

## B. "Intuições centrais" da teologia da libertação

Por mais distintas que sejam as diversas teologias da libertação, existe algo em comum entre elas; algo que permite, de alguma forma, falar de TdL sem mais. Gustavo Gutiérrez, por exemplo, fala de "duas intuições centrais que foram as primeiras cronologicamente e continuam constituindo a sua coluna vertebral". Trata-se do *primado da práxis* e da *perspectiva do pobre/oprimido*.[13]

Quanto ao *primado da práxis*, diz ele, "desde o começo, a TdL considerou que o compromisso com o processo de libertação é o ato primeiro e que a teologia vem depois, como um ato segundo".[14] Isso aponta para o duplo esforço de "fazer valer a importância do comportamento concreto, do gesto, da ação, da práxis na vida cristã"[15] e de "colocar o trabalho teológico no complexo e fecundo contexto da relação prática-teoria".[16] Por um lado, enquanto "práxis teologal", a TdL nasce dentro de um movimento eclesial mais amplo de redescoberta do caráter práxico da fé cristã e se configura como sua radicalização.[17] A fé cristã não consiste primária e radicalmente em aceitação e confissão de doutrinas nem na observância de rituais religiosos, por mais necessários e importantes que sejam, mas na realização da

---

[12] ELLACURÍA, I. *La teología como momento ideológico de la praxis eclesial*, cit., pp. 163-185, aqui p. 177.

[13] GUTIÉRREZ, G. *A força histórica dos pobres*. Petrópolis: Vozes, 1981, p. 293.

[14] Ibid.

[15] Id. *Teología de la liberación*, cit., 79.

[16] Id. *A força histórica dos pobres*, cit., p. 293.

[17] Cf. id. *Teología de la liberación*, cit., pp. 72-80; TABORDA, F. *Sacramentos, práxis e festa*. Por uma teologia latino-americana dos sacramentos. Petrópolis: Vozes, 1987, pp. 19-39.

vontade de Deus. Ela consiste, fundamentalmente, no seguimento de Jesus de Nazaré; é uma fé práxica, ativada pelo amor (Gl 5,6). Há, portanto, uma centralidade e um primado da ação sobre o doutrinário e o ritual na fé cristã: "nem todo aquele que me disser: Senhor, Senhor! entrará no reino de Deus, mas aquele que cumprir a vontade de meu Pai do céu" (Mt 7,21). Por outro lado, enquanto "teoria teológica", a TdL leva a sério o caráter práxico de toda teoria:[18] é sempre teoria de uma práxis (real ou imaginária) e aponta/ serve sempre à alguma práxis; em boa medida, é condicionada por interesses bem determinados, normalmente não explicitados; está mediada por estruturas de pensamentos (dualistas, reducionistas, estruturais etc.) e por conceitos socialmente forjados, desenvolvidos e transmitidos; tem sua fonte inesgotável de conhecimento e seu critério último (não único!) de verdade na realidade que procura inteligir. Há, portanto, também na "teoria teológica", um primado da práxis. Ela não é senão o "momento" consciente e reflexo da "práxis teologal". De modo que, em última instância, o problema da "teoria teológica" é o problema de sua "relação" com a "práxis teologal".

Quanto à *perspectiva do pobre/oprimido*, ela concretiza e determina tanto a práxis teologal quanto a teoria teológica. A TdL não é, sem mais, uma práxis eclesial e uma teologia da práxis. É uma práxis e uma teologia feitas "a partir do reverso da história"[19] e em vista do processo de libertação dos "Cristos açoitados das Índias".[20] É uma práxis e uma teologia da libertação. A perspectiva do pobre e do oprimido constitui, aqui, "a chave para a compreensão do sentido da libertação e da revelação do Deus libertador".[21] Esse é seu *ponto de vista* ou seu *locus*[22] fundamental. Ele configura a TdL tanto como "práxis teologal" quanto como "teoria teológica". Por um lado, a revelação de Deus em Israel e, particularmente, em Jesus Cristo está pro-

---

[18] Cf. GUTIÉRREZ, op. cit., pp. 80-88; ELLACURÍA, I. Relación teoría y praxis en la teología de la liberación, cit.

[19] Cf. GUTIÉRREZ, *A força histórica dos pobres*, cit., p. 245.

[20] Cf. ibid., pp. 283s.

[21] Ibid., pp. 293s.

[22] O *locus* da TdL, diz Gutiérrez, "está nos pobres do subcontinente, nas massas indígenas, nas classes populares, está em sua presença como sujeito ativo e criador de sua própria história, nas expressões de sua fé e esperança no Cristo pobre, nas suas lutas pela libertação" (Ibid., p. 284).

fundamente vinculada à sorte e à libertação dos pobres e oprimidos. Deus se revela aí, antes de tudo, como o salvador/libertador dos pobres e oprimidos e a salvação/libertação dos pobres e oprimidos aparece como sinal por excelência da realização de seu reinado neste mundo. De modo que a "práxis teologal" que constitui a TdL é, fundamentalmente, uma práxis de libertação dos oprimidos: pobres, mulheres, negros, índios, deficientes etc. Por outro lado, enquanto momento consciente e reflexo dessa práxis, "teoria teológica", a TdL tem, aí, seu ponto de partida (é teoria dessa práxis), sua meta (está a serviço dessa mesma práxis) e um de seus critérios fundamentais (lugar de realização e verificação e princípio de desideologização). É uma teologia feita *a partir*, na *perspectiva*, no *horizonte*, do *ponto de vista* dos pobres e oprimidos; uma teologia que leva a sério tanto a parcialidade pelos pobres e oprimidos que caracteriza a revelação e a fé cristãs quanto o caráter práxico de toda teoria, assumindo, crítica e conscientemente, seu *lugar social*. Esse é o sentido próprio e específico da expressão *lugar teológico* na TdL[23] que, no fim das contas, não significa outra coisa senão levar a sério a *evangélica opção pelos pobres* tanto na "práxis teologal" quanto na "teoria teológica".

Estas duas intuições fundamentais constituem, pois, a "coluna vertebral" de todas as teologias da libertação, seja enquanto "práxis teologal" seja enquanto "teoria teológica". Todas elas nascem e se desenvolvem como teologias da práxis (*primado da práxis*) de libertação (*perspectiva do pobre/oprimido*). O que varia é o acento dado a determinada práxis (eclesial, social, política, cultural etc.) e a determinado aspecto da libertação (pobreza, gê-

---

[23] Desde Tomás de Aquino (cf. *ST* I, q.1, a.8, ad 2) e Melchor Cano (cf. CANO, Melchor. *De locis theologicis*. Madrid: BAC, 2006, aqui pp. 7-10), a expressão *lugar teológico* indica os diversos "lugares" onde se pode encontrar "argumentos teológicos" – "próprios" e "alheios", "necessários" e "prováveis". Cano fala de dez lugares teológicos: Sagrada Escritura, tradições de Cristo e dos Apóstolos, Igreja Católica, concílios, Igreja Romana, santos padres, teólogos escolásticos, razão natural, filósofos e história humana. No contexto do Concílio Vaticano II, alguns teólogos falaram de outros lugares teológicos como a liturgia, os sinais dos tempos etc. Na TdL, a expressão *lugar teológico* tem um sentido distinto. Ela não significa fontes de argumentos da teologia, mas o horizonte, a perspectiva ou o ponto de vista, a partir do qual se leem e se interpretam, inclusive, as distintas fontes ou sedes ou domicílios de argumentos da teologia. Ignacio Ellacuría e Jon Sobrino distinguem, neste contexto, entre *fontes* e *lugar* da teologia. O que, classicamente, é nomeado lugar teológico é tomado por eles como fontes da teologia, reservando a expressão lugar teológico para designar o horizonte, a perspectiva ou o ponto de vista social da teologia. Ter presente e claro esta distinção é fundamental para evitar mal-entendidos e acusações infundadas.

nero, etnia, ecologia etc.) e a forma de explicitar o vínculo teoria-práxis (ato primeiro – ato segundo, teoria como momento da práxis etc.).

## Atualidade da teologia da libertação

Tendo presente a pluralidade e complexidade que caracterizam a TdL, sua dimensão práxica e teórica (práxis teologal e teoria teológica) e suas características fundamentais (primado da práxis e perspectiva do pobre/oprimido), podemos, agora, perguntarmo-nos por sua atualidade: a TdL tem alguma atualidade?

A resposta a essa pergunta depende, em parte, do que se compreenda por atualidade ou do aspecto sob o qual ela seja abordada: simples estar presente, maior ou menor visibilidade, relevância histórica, pertinência teologal-teológica. Vejamos se e até que ponto podemos afirmar a atualidade da TdL sob esses diversos aspectos.

1. Atualidade diz respeito, antes de tudo, ao simples fato de algo *estar presente*. É o *caráter de atual* de algo. Indica a *presença física ou real* de algo. Dizemos que algo tem mais ou menos atualidade, na medida em que está mais ou menos presente. E este estar presente de algo, pelo simples fato de estar presente, impõe-se de tal modo que podemos até fazer de conta que não o vemos, podemos ignorá-lo, podemos negá-lo etc., mas, na medida em que o fazemos, reconhecemos, de alguma forma, sua atualidade: só podemos fazer de conta que não vemos o que vemos, só podemos ignorar e negar o que nos está presente. Esse é o nível mais básico e mais fundamental da atualidade de algo. Qualquer outro nível ou forma de atualidade o supõe e se fundamenta nele.

Neste sentido, não há como negar a atualidade da TdL. Ela *está presente* na Igreja e na sociedade de muitas formas: na vida de muitos cristãos e de muitos grupos, comunidades e organizações eclesiais; no ministério profético de alguns bispos, presbíteros e animadores/as de comunidade; na vida religiosa inserida e comprometida com as causas populares; na atividade teológica de muitos teólogos e teólogas; nos mais diversos movimentos e organizações populares; no Fórum Social Mundial; em partidos de esquerda; em romarias, ritos, cantos, orações; em poesias, pinturas, camisetas; em livros, artigos, cartilhas, folhetos; em teatros, vídeos e CDs; em aulas, conferências, debates, entrevistas; em gestos proféticos como o jejum de Dom Luís Cappio contra a transposição do Rio São Francisco; nas pastorais e nos organismos sociais (CPT, CIMI, CARITAS, Pastoral dos Pescadores, do Povo da Rua, dos Migrantes, Carcerária, do Menor, da Criança, Operária etc.), dentre outros. De modo que, tanto como "práxis teologal" quanto como "teoria teológica", a TdL continua presente/atual!

2. Atualidade diz respeito, em segundo lugar, à maior ou menor *visibilidade* de algo em um determinado momento; ao fato de *aparecer*, de *ser visto*, de *ser comentado*, de ocupar o *centro das atenções*. Dizemos que algo tem mais ou menos atualidade na medida em que está na *mídia*, na *boca do povo*, na *moda* etc. Esse modo de atualidade, por um lado, supõe e se fundamenta no primeiro modo de atualidade a que nos referimos há pouco (só ganha visibilidade o que está presente), mas, por outro lado, depende de uma série de fatores e condições, sem os quais dificilmente ganharia tanta visibilidade: vai de encontro a alguma necessidade/ansiedade/busca, sem esquecer que estas também são produzidas e, cada vez mais, dentro da lógica do mercado (produto-desejo/necessidade-marketing); acesso aos meios de comunicação (televisão, rádio, jornal, revista), sem esquecer que estes têm seus interesses e são bem seletivos; respaldo e apoio de instâncias institucionais de poder; caráter novidoso, impactante etc.

Neste sentido, há que se reconhecer que, embora a TdL não careça completamente de atualidade, não é o movimento eclesial de maior visibilidade no momento. Os movimentos de cunho mais "religioso", clerical e midiático, moral e culturalmente mais conservadores, politicamente mais de direita e bem relacionados com o "poder" gozam, sem dúvida, de maior atualidade na Igreja e na sociedade: trabalham muito com o emocional, existencial, corporal; têm muito apoio e respaldo de bispos e padres, na medida em que respondem mais aos interesses institucionais imediatos da igreja (fiéis, dízimo), recuperam o culto à autoridade eclesiástica e mantêm com ela certa relação de subordinação (desde que o apoiem); não entram em conflito com os detentores do poder econômico e político, pelo contrário; e, sobretudo, têm muito acesso à mídia – têm até canal de televisão – e, através dela, exerce enorme influência no cultivo de práticas devocionais, cantos, forma de rezar etc. Em comparação com esses movimentos, a TdL tem muito menos visibilidade: parece bem menos atrativa para a maioria dos fiéis; tem um acesso muito restrito à mídia e consequentemente um alcance bem reduzido; conta cada vez menos com apoio efetivo de bispos e padres; embora não deixe de ser impactante (nem que seja pelo caráter conflitivo que todo compromisso transformador acarreta), não tem mais o caráter novidoso de outrora, quando praticamente toda Igreja parecia estar do "outro lado". Continua presente/atual, mas tem bem menos visibilidade. Não está na moda!

3. Em terceiro lugar, atualidade diz respeito à *relevância* ou *importância* de algo em um determinado momento; ao fato de *ir ao encontro de necessidades* reais e concretas. Dizemos que algo tem mais ou menos atualidade na medida em que *responde positiva e efetivamente a uma determinada situação*. A atualidade de algo está, aqui, condicionada pelo contexto no qual se faz presente e pelos interesses aos quais responde. A pergunta pela relevância de algo desemboca necessariamente na pergunta pelo para quem esse algo é relevante ou não: o que é extremamente relevante para uns, pode não ter nenhuma relevância para outros.[24] Isso não significa nenhum relativismo, mas contextualização e historicização da (ir)relevância que algo pode ter: depende sempre, em boa medida, do onde e do para quem.

Neste sentido, dificilmente, pode-se negar a atualidade da TdL. Mas é preciso dizer em que contexto e para quem ela tem relevância ou não. Como diz Gustavo Gutiérrez, "a TdL nasceu do desafio que representa para a fé a pobreza [e opressão] geral e desumana existente na América Latina e no Caribe". Como essa situação se mantém e até se aprofunda, "consequentemente, continuam vigentes em nossos dias, e com maior ímpeto e alcance, os desafios da pobreza [e opressão] à nossa solidariedade e à nossa reflexão".[25] A relevância ou atualidade da TdL está profundamente vinculada a essa

---

[24] Em um dos planejamentos pastorais da arquidiocese de São Paulo, por exemplo, foi feita uma pesquisa, na qual se perguntava o que o povo "espera da Igreja". Um morador de rua respondeu: "que me deixem entrar para usar o banheiro". O que para muitos pode parecer banal, irrelevante e até desrespeitoso, é absolutamente relevante para os 10 mil moradores de rua de São Paulo, dos quais 40% fazem suas necessidades fisiológicas na rua (cf. LANCELOTTI, J. Visão da Igreja a partir do povo da rua. In: BOGAZ, A. S.; COUTO, M. A. [org.]. *Vinho novo. Odres velhos?* Uma Igreja para os novos tempos. São Paulo: Loyola, 2003, pp. 125-132, aqui pp. 125s).

[25] GUTIÉRREZ, G. *Onde dormirão os pobres?* São Paulo: Paulus, 2003, pp. 29, 30.

situação de pobreza e opressão. Ela diz respeito, antes de tudo, a essa situação e pode/deve ser comprovada, de maneira especial, nas diversas lutas populares pela transformação dessa situação: sem-terras, sem-tetos, povo da rua, menores, indígenas, negros, mulheres, pescadores, meio ambiente etc. Nesta perspectiva, é significativa e sintomática a realização do Fórum Mundial de Teologia e Libertação,[26] já em sua quarta edição, no seio do Fórum Social Mundial: sinal importante de sintonia com as causas populares e de sua atualidade e relevância nestas mesmas causas.

4. Por fim, atualidade diz respeito à *pertinência* de algo em respeito a algo; ao ser atual de algo em algo por lhe ser *concernente*, por lhe *pertencer intrinsecamente*. Dizemos que algo tem mais ou menos atualidade na medida em que é mais ou menos *característico*, *próprio* ou *constitutivo* de algo. Compreendida dessa forma, atualidade diz respeito, por um lado, à respectividade de algo a uma realidade maior e, por outro lado, à maior ou menor pertinência desse algo com respeito a essa realidade maior. Assim, por exemplo, hidrogênio e oxigênio são elementos constitutivos da água, de modo que onde quer que haja água estes elementos estão sempre presentes; a corporeidade é uma nota constitutiva do animal humano, de modo que sem corporeidade não há animal humano. Noutras palavras, atualidade indica, aqui, o caráter de (mais ou menos) próprio, constitutivo, característico, intrínseco etc. de algo, independentemente de sua maior ou menor visibilidade (segundo modo de atualidade) e até mesmo de sua maior ou menor relevância (terceiro modo de atualidade).

Neste sentido não se pode negar a atualidade ou pertinência da TdL, enquanto configuração histórica do cristianismo ou atualização da fé cristã, seja como "práxis teologal" seja como "teoria teológica". As intuições ou os princípios fundamentais da TdL – primado da práxis e perspectiva do pobre/oprimido – são de tal modo característicos/constitutivos da revelação e da fé cristãs que não podem ser negados sem que esta negação comprometa a revelação e fé cristãs em sua própria essência: seu caráter

---

[26] Cf. SUSIN, L. C. (org.). *Teologia para outro mundo possível*. São Paulo: Paulinas, 2006; BRIGHENTI, A. Gritos da África. A propósito do II Fórum Mundial de Teologia da Libertação. *REB* 266 (2007) 340-359. Em breve deve sair algum escrito sobre a terceira edição desse fórum, realizada em janeiro de 2009, em Belém.

práxico (não é mera teoria/doutrina, mas antes de tudo ação salvífica) e sua parcialidade pelos pobres e oprimidos (salvação, em primeiro lugar, dos pobres e oprimidos e, a partir dele, de todos/as). Evidentemente, a TdL (como, inclusive, o cristianismo nascente, para não falar da cristandade), enquanto movimento histórico, não esgota as potencialidades práticas e teóricas do cristianismo nem a revelação e a fé cristãs se reduzem a seu caráter práxis e a sua parcialidade pelos pobres/oprimidos. Mas, repetindo, estes aspectos ou princípios são de tal modo constitutivos da revelação e da fé cristãs que devem ser conservados "oportuna e inoportunamente" (2Tm 4,2) e, na medida em que a TdL os conserva de modo consequente, para além de todas modas pastorais e teológicas, ela tem uma pertinência teologal e teológica inegável.

Em síntese, embora a TdL não esteja na *moda* e não tenha tanta *visibilidade* (segundo modo de atualidade), continua *presente* e *atual* (primeiro modo de atualidade), com grande *relevância* na luta contra a pobreza e as diversas formas de opressão (terceiro modo de atualidade) e com grande *pertinência* teologal e teológica (quarto modo de atualidade).

## Desafios permanentes da teologia da libertação

A atualidade da TdL, como vimos, é uma realidade, mas uma realidade que, por sua pertinência teologal e teológica e por sua relevância histórica, deve ser aprofundada e ampliada, de modo que se torne cada vez mais atual. Neste sentido, mais que mera constatação, a atualidade da TdL é um desafio a ser enfrentado e uma tarefa a ser executada. E para isso é preciso não perder de vista e cuidar especialmente daqueles aspectos ou elementos que estruturam e configuram esse jeito de viver e pensar a fé que é a teologia da libertação. Evidentemente, pode-se discutir quais são esses aspectos ou elementos. Aqui, em todo caso, indicaremos, sem maiores desenvolvimentos, aqueles que consideramos mais fundamentais e determinantes da TdL e, portanto, seus desafios permanentes: parcialidade de Deus pelos pobres (1), fé como realização da vontade de Deus (2), a problemática das mediações (3), caráter teologal-profético das lutas populares (4) e relação teoria-práxis (5).

## *Parcialidade de Deus pelos pobres*

Antes de tudo, é preciso insistir no fato – e toda insistência, aqui, será pouca – de que o Deus que constitui o fundamento último da fé e da teologia cristãs não é um princípio absoluto-universal-imparcial-abstrato, lógico-racional ou como queira, mas, bem concretamente, o Deus que se revelou em Israel e, particularmente, em nosso Senhor Jesus Cristo. Esse Deus não se revelou sem mais como o ser onipotente, onipresente e onisciente das metafísicas clássicas, mas, antes de tudo, como *salvador dos pobres e oprimidos*. Tampouco sua revelação constituiu, fundamentalmente, na entrega de verdades sobre ele, mas, antes, em *ação salvífica*.

Por um lado, "Deus não se manifestou primariamente nem como a verdade do mundo nem como o fundamento de toda verdade e de todo conhecimento", mas, antes de tudo,

> como um Deus salvador, como fundamento da saúde e da liberdade do homem. Ou, dito de um modo mais preciso, Deus não se manifestou apenas *como* salvador, mas, primordialmente, *enquanto* salvador, *no ato mesmo de salvar*. Esta é a experiência fundamental que nos transmite a Escritura.[27]

No Antigo Testamento, Deus liberta o povo da escravidão e no contexto dessa libertação dá-se a conhecer: "na ação mesma de salvar a seu povo Deus diz quem é o que ele é e o diz justamente salvando".[28] De modo que a revelação do nome de Deus (Ex 3,14) é inseparável do Êxodo e, por isso mesmo, deve ser lida a partir e em função do Êxodo. No Novo Testamento, por sua vez, a revelação de Deus é inseparável da ação salvadora de Jesus. Assim, por exemplo, quando os discípulos do Batista perguntam a Jesus se é "aquele que deveria vir", ele responde: "Ide informar a João sobre o que vistes e ouvistes: cegos recuperam a visão, coxos caminham, leprosos ficam limpos, surdos ouvem, mortos ressuscitam, pobres recebem a boa notícia. E feliz aquele que não tropeça por minha causa" (Lc 7,22s). A "palavra" que

---

[27] GONZÁLEZ, A. *Trinidad y liberación*: La teología trinitaria considerada desde la perspectiva de la teología de la liberación. San Salvador: UCA, 1994, p. 59.

[28] Ibid.

Deus "comunicou" (At 10,36), diz Pedro, não é outra senão "o que aconteceu por toda Judeia, começando pela Galileia" (At 10,37): "Deus ungiu com Espírito Santo e poder a Jesus de Nazaré, que passou fazendo o bem e curando todos os possuídos pelo diabo, porque Deus estava com ele" (At 10,38).

Por outro lado, enquanto salvador, o Deus bíblico se manifestou como um Deus partidário dos pobres e dos oprimidos (Jd 9,11), a ponto de se identificar com eles (Mt 25,31-46). Na verdade, como bem tem insistido Jon Sobrino,

> a relação de Deus com os pobres deste mundo aparece como uma constante em sua revelação. Esta se mantém formalmente como resposta aos clamores dos pobres; e por isso, para conhecer a revelação de Deus é necessário conhecer a realidade dos pobres. Dito de outra forma: a relação Deus-pobres no Êxodo, nos profetas ou em Jesus não é apenas conjuntural e passageira, mas estrutural. Existe uma correlação transcendental entre revelação de Deus e clamor dos pobres e, por isto, embora a revelação de Deus não se reduza a responder ao clamor dos pobres, cremos que sem introduzir essencialmente essa resposta não se compreende a revelação.[29]

A libertação dos pobres e oprimidos no Êxodo e na práxis de Jesus de Nazaré não é algo secundário ou periférico na revelação do Deus Bíblico, mas algo constitutivo dessa revelação e algo que diz respeito ao Mistério mais profundo de Deus mesmo. Revelar-se no processo de libertação do Êxodo (e não no processo de dominação do Faraó) e na práxis libertadora de Jesus de Nazaré (e não na práxis de César) não é mero detalhe ou casualidade ou roupagem, mas tem a ver com o Mistério mesmo de Deus que não pode assumir a "forma" de um Faraó ou de um César sem se negar a si mesmo. O Deus bíblico é, portanto, *em si mesmo*, *essencialmente*, *constitutivamente*, um Deus partidário dos pobres e oprimidos.

Por mais que o mistério de Deus não se esgote em sua parcialidade pelos pobres e oprimidos, essa parcialidade é uma de suas notas constitutivas – mesmo que isso seja um escândalo metafísico (para certas metafísicas

---

[29] SOBRINO, J. Teología en un mundo sufriente. La teología de la liberación como "intellectus amoris". *El principio–misericordia*. Bajar de la cruz a los pueblos crucificados. Santander: Sal Terrae, 1992, pp. 47-80, aqui p. 55.

avessas ou pouco afeitas à história/historicidade). E essa parcialidade de Deus tem enormes consequências para a fé cristã e, inclusive, para seu momento mais estritamente intelectivo, teologia.

## Fé como realização da vontade de Deus

A fé cristã é, fundamentalmente, "o ato pelo qual a salvação que teve lugar em Cristo alcança as pessoas e as comunidades, transformando-as e iniciando uma nova criação".[30] Esta salvação não consiste, primariamente, na entrega de verdades ou doutrinas sobre Deus nem em exigência de ritos religiosos, mas num dinamismo práxico-salvífico (Cor 4,20). Consequentemente, a fé, enquanto abertura a e acolhida desse dinamismo, tampouco consiste, primariamente, em aceitação e confissão de doutrinas ou em ritos religiosos, mas em inserção e participação ativas nesse mesmo dinamismo. Esse caráter *ativo/práxico* da fé nem se contrapõe a nem compromete seu caráter *gracioso*. A fé é um dom (Ef 2,8), mas um dom que, uma vez acolhido, recria-nos, inserindo-nos ativamente em seu próprio dinamismo: "criados por meio de Cristo Jesus para realizarmos as boas ações que Deus nos confia como tarefa" (Ef 2,10). É, portanto, um *dom-tarefa*: algo que *recebemos* para *realizar*.

Certamente, a fé é um ato inteligente e tem seu momento de verdade. Mas nem é pura intelecção (esta é apenas um momento do ato de fé) nem essa intelecção consiste primariamente numa doutrina conceitualmente elaborada (esta não é senão um momento mais desenvolvido e elaborado daquela). De modo que não se trata de contrapor realidade/práxis e verdade/teoria, mas de evitar o reducionismo intelectualista da fé.

Também é claro que a fé tem sua expressão simbólico-ritual. Mas esta não é senão isso: expressão (manifesta a) mais ou menos eficaz (leva à) da fé.[31] Sem a fé, essa expressão deixa de ser manifestação e perde sua eficácia, convertendo-se em puro ritualismo. De modo que, tampouco aqui, trata-se de contrapor práxis de fé e expressão simbólico-ritual, mas de evitar o reducionismo ritualista da fé.

---

[30] GONZÁLEZ, A. Fé. In: TAMAYO-ACOSTA, Juan-José (dir). *Nuevo diccionário de teología*. Madrid: Trotta, 2005, pp. 369-376, aqui p. 369.

[31] Cf. TABORDA, op. cit., pp. 163-173.

Importa, em todo caso, insistir, aqui, no caráter práxico da fé cristã. Ela consiste num dinamismo de vida, num jeito de viver a vida, numa práxis: viver como Jesus viveu! Numa palavra, ela consiste no *seguimento* de Jesus de Nazaré.[32] E aqui não basta ter *fé em Jesus* (confessá-lo doutrinalmente e celebrá-lo ritualmente); é preciso ter a *fé de Jesus* (viver do que e como ele viveu), o iniciador e consumador da fé (Hb 12,2): "uma fé ativada pelo amor" (Gl 5,6), que se mostra nas obras (Tg 2,18), que nos leva a passar "fazendo o bem" (At 10,38), que nos faz "próximo" dos caídos à beira do caminho (Lc 10,25-37) e que tem como medida e critério definitivos as necessidades da humanidade sofredora (Lc 10,25.37; Mt 25,31-46). No seguimento de Jesus, *não basta andar com Jesus no peito* ("Jesus é o Senhor"; "Jesus é 10" etc.); *é preciso ter peito para andar com Jesus*: "quem diz que permanece com ele deve agir como ele agiu" (1Jo 2,6); "nem todo aquele que me disser: Senhor, Senhor! entrará no reino de Deus, mas aquele que cumprir a vontade de meu Pai do céu" (Mt 7,21). E essa vontade do Pai diz respeito à vida em sua totalidade, em todas as suas dimensões.

## A problemática das mediações

No item anterior insistimos no fato de que a fé cristã consiste no seguimento de Jesus, portanto, num modo de vida, numa práxis. Não se trata apenas de ter consequências práticas, como se ela fosse algo meramente intelectual e/ou anterior à práxis, mas, mais radicalmente, de ser, em si mesma, práxis. Enquanto tal, ela supõe tanto uma *opção pessoal* (apropriação de determinadas possibilidades) quanto *algo que está dado* (determinadas possibilidades de atuação).

A fé cristã tem um momento de *opção pessoal* insubstituível. Ninguém é obrigado a seguir a Jesus, a viver como ele viveu. Essa é uma possibilidade, mas uma possibilidade a ser escolhida. Pode-se, sem dúvida, forçar e mesmo obrigar a alguém a pertencer à religião cristã, a confessar suas doutrinas e a praticar seus ritos. A cristandade e, particularmente, a invasão e colonização do que chamamos América Latina que o digam. Mas isso não é sem mais fé

---

[32] Cf. SOBRINO, J. Seguimento de Jesus. In: FLORISTÁN SAMANES, C.; TAMAYO-ACOSTA, J. J. *Dicionário de Conceitos Fundamentais do Cristianismo*. São Paulo: Paulus, 1999, pp. 771-775.

cristã. A fé cristã começa no momento em que alguém assume como *seu* o dinamismo de vida suscitado por Jesus e seu Espírito, deixando-se configurar por ele e configurando o mundo segundo esse mesmo dinamismo, a partir das situações que lhes toca viver e das possibilidades de que dispõe. É claro que, assim como se pode confessar a fé sem vivê-la ("descrença dos crentes"), pode-se, também, viver a fé sem confessá-la ("fé dos não crentes").[33] Mas, mesmo nessa "fé anônima", há um momento de opção pessoal intransferível, por mais condicionado que seja: ajo dessa forma, mas poderia agir de outra forma.

Essa opção pessoal, entretanto, precisamente enquanto opção, é *opção por algo dado*: possibilidade de optar e optar pelo jeito de Jesus (dons-radicais) e possibilidades concretas de que dispomos para efetivar essa opção (dons-mediações). É a dupla dimensão graciosa ou de gratuidade da fé. Por um lado, tanto a possibilidade mesma de poder optar (abertura humana radical) quanto a possibilidade concreta de optar pelo jeito de viver de Jesus (dom salvífico por excelência) é dom de Deus que recebemos gratuitamente. Por outro lado, a configuração concreta de nossa vida e nosso mundo segundo o dinamismo desencadeado por Jesus e seu Espírito e apropriado por nós na fé depende do momento e da situação em que vivemos e das possibilidades reais que dispomos (mediações históricas). Certamente, podemos e devemos criar possibilidades que viabilizem nossa opção pelo jeito de viver de Jesus, mas só podemos criar a partir das possibilidades que já nos estão dadas. Daí que a fé cristã, sendo sempre a mesma (fé de Jesus), é sempre diversa (fé dos com-Jesus nas distintas situações históricas).

Esse é um dos paradoxos e um dos dramas fundamentais da fé cristã: um dinamismo de vida suscitado por Jesus e seu Espírito (*dom*) que deve tomar corpo em situações e contextos diversos, a partir das reais possibilidades materiais, biológicas, psíquicas, sociais, políticas, culturais, eclesiais etc. disponíveis (*tarefa*). Deve configurar nossa vida e nosso mundo segundo esse dinamismo, contra todo fatalismo e determinismo. Mas só pode fazê-lo a partir das possibilidades reais disponíveis, contra toda forma de idealismo e espiritualismo. E isso vale para todas as dimensões da vida: da sexual à econômica. Todas elas devem ser configuradas segundo o dinamismo suscitado

---

[33] GONZÁLEZ, op. cit., p. 375.

por Jesus e seu Espírito. Mas essa configuração dependerá, em grande parte, das possibilidades com que se conta em cada caso. Daí que a fé, inserindo-nos no dinamismo salvífico-recriador de Jesus (*dom*), não nos oferece receita sexual, política, econômica etc., mas, antes, constitui-se como desafio e missão (*tarefa*).

O grande desafio da fé consiste, portanto, em discernir e escolher, em cada caso e em cada situação, entre as *reais* possibilidades disponíveis, as mais adequadas e mais fecundas para a configuração de nossa vida e de nosso mundo segundo o dinamismo suscitado por Jesus e seu Espírito. Nesse processo, é preciso ter sempre em conta que, se nenhuma possibilidade real é absolutamente adequada, no sentido de esgotar as potencialidades desse dinamismo, elas não são igualmente (in)adequadas: umas são mais (in)adequadas que outras. Aqui, conta-se sempre com uma boa dose de risco, de aposta... Em todo caso, *um critério fundamental e permanente* de discernimento das possibilidades a serem apropriadas, em qualquer que seja a dimensão da vida, são as necessidades e os clamores da humanidade sofredora, das vítimas de toda e qualquer forma de injustiça e exclusão (Mt 25,31-46; Lc 10,25-37).

## Caráter teologal-profético das lutas populares

Tomada em sua totalidade, a fé cristã é uma práxis extremamente complexa e dinâmica. Por um lado, ela diz respeito à vida humana em sua totalidade e em suas mais diversas dimensões: pessoal, social, econômica, política, gênero, cultural, eclesial etc. Por outro lado, tem uma estrutura radicalmente aberta: depende do contexto em que é vivida e das possibilidades reais acessíveis em cada situação/ocasião. Daí que a práxis crente, a fé, seja irredutível à alguma de suas dimensões e/ou a qualquer de suas configurações. O que não significa que não se possa dar maior atenção ou relevo a alguma de suas dimensões (pessoal, social, econômica, gênero etc.) ou configurações (individual, familiar, eclesial, popular etc.), dependendo do contexto em que se vive, dos dramas e das exigências de cada situação e momento históricos.

Na TdL sempre se deu particular atenção e relevância às lutas populares como lugar privilegiado de vivência da fé. Em boa medida, pode-se afirmar que ela nasceu, desenvolveu-se e continua se desenvolvendo no seio das lutas populares por libertação. Taborda chega, inclusive, a tomar a "práxis de libertação" como a "feição epocal da fé na América Latina".[34] É claro que essa "não é a única feição" da fé na América Latina, "nem sequer a mais frequente, mas é a que melhor responde aos desafios do momento"[35] ou, em todo caso, a que se confronta de modo mais consequente com um dos momentos mais determinantes (no pecado ou na graça) de nossa vida individual e coletiva: o momento de sua institucionalização e controle sociais.

Na verdade, nossa vida é muito mais condicionada e determinada pelas estruturas da sociedade do que parece: a forma de nos cumprimentarmos uns aos outros (tu, você, senhor/a, excelência, majestade, eminência etc.), o ser homem ou mulher, as relações de poder, a produção e distribuição de bens e riquezas, a relação com o meio ambiente etc são, em grande parte, regulamentadas e controladas socialmente. Certamente, tudo isso tem sua origem em ações concretas de pessoas concretas. Mas na medida em que vai se impondo e se institucionalizando, vai adquirindo um poder enorme de configuração, para o bem ou para o mal, da vida individual e coletiva. Esse poder de configuração pode estar mais ou menos em sintonia com o dinamismo de vida suscitado por Jesus e seu Espírito: pode tanto permitir ou facilitar (dinamismo gracioso) quanto impedir ou dificultar (dinamismo pecaminoso), adquirindo, assim, um caráter estritamente teologal. É a dimensão estrutural ou institucional do pecado e da graça. As estruturas da sociedade não são simplesmente estruturas econômicas, políticas, culturais, de gênero etc. São, também e sempre, estruturas teologais, enquanto objetivações (institucionalizações) e mediações (poder dinamizador) da graça ou do pecado. Daí sua importância central para a fé cristã, compreendida como

---

[34] Cf. TABORDA, op. cit., p. 25.

[35] Ibid., 24. "Se se privilegia agora a feição epocal da fé que se traduz em ação transformadora da realidade, é porque é a feição mais urgente da fé nesse momento histórico, feição paradigmática. Não se desvalorizam nem depreciam as feições menos chamativas e espetaculares, mas sempre necessárias e insubstituíveis. A entrega a Deus não se mede pela eficácia. O óbulo da viúva valeu mais que a esmola do rico (cf. Mc 12,41-44), embora essa pudesse solucionar mais problemas. O pobre a que todo cristão no seguimento de Jesus deve um amor preferencial não é só ou principalmente o pobre 'útil', potencial transformador da sociedade, agente da revolução, mas também o pobre 'inútil', o lúpen, o doente inválido, o excepcional que em pouco ou nada contribuirá à nova sociedade em gestação" (Ibid.).

seguimento de Jesus: um modo de viver, como um jeito de configurar a vida individual e coletiva.

Ora, na medida em que a sociedade está organizada ou estruturada de tal forma que priva uma grande parte da humanidade inclusive das condições materiais básicas de sobrevivência, que mantém a dominação e a exploração dos homens sobre as mulheres, dos brancos sobre os negros, que discrimina e marginaliza deficientes, idosos, homossexuais, que destrói o meio ambiente e compromete o futuro da própria espécie humana no planeta, entre outros, ela des-figura a presença de Deus no mundo e constitui-se como um obstáculo ao dinamismo de vida suscitado por Jesus e seu Espírito. Suas estruturas têm, portanto, um caráter intrinsecamente pecaminoso: constituem-se como objetivação e mediação de um dinamismo pecaminoso. Enquanto tais, apresentam-se e impõem-se como um dos maiores desafios atuais para a vivência da fé e, consequentemente, para a ação pastoral da Igreja.

É neste contexto que as lutas populares por libertação aparecem como lugar privilegiado (não exclusivo) de vivência da fé. Elas se confrontam, precisamente, com esse momento estrutural ou institucional da vida social, desmascarando/denunciando seu caráter injusto e buscando/anunciando formas mais justas de estruturação da sociedade. E, na medida em que o fazem, constituem-se, *objetivamente* (para além de toda confissão e intencionalidade), como mediações da ação redentora e re-criadora de Jesus e seu Espírito: enfrentam-se com o pecado do mundo e inserem-se no dinamismo salvífico-recriador de Jesus e seu Espírito.[36] Isso não nega a existência, necessidade e eficácia de outras ações/mediações salvíficas (oração, ação individual, ações coletivas assistenciais etc.) nem o que haja de pecado nas lutas e organizações populares (centralismo, autoritarismo, autopromoção, vingança, absolutização etc.). Simplesmente, reconhece e leva a sério sua densidade teologal (mediação salvífica) e sua relevância histórica (necessidade e urgência atuais).

---

[36] Cf. BOFF, L. *Teologia do cativeiro e da libertação*. Petrópolis: Vozes, 1980, pp. 73-82; Id. A salvação nas libertações: o sentido teológico das libertações sócio-históricas. In: BOFF, L.; BOFF, C. *Da libertação*: o sentido teológico das libertações sócio-históricas. Petrópolis: Vozes, 1979, pp. 9-65, aqui pp. 23-26.

## *Relação teoria-práxis*

Em sua obra clássica *Teologia da libertação*, Gustavo Gutiérrez chamava atenção para o fato de a TdL não propor tanto "um tema novo para a reflexão" (libertação), mas "uma *maneira nova* de fazer teologia" ("reflexão crítica da práxis histórica"), segundo a qual a teologia se configura como uma "teologia libertadora, uma teologia da transformação libertadora da história da humanidade e, portanto, de sua porção – reunida em *ecclesia* – que confessa abertamente a Cristo. Uma teologia que não se limita a pensar o mundo, mas que busca se situar como um momento do processo através do qual o mundo é transformado: abrindo-se ao dom do Reino de Deus no protesto ante a dignidade humana pisoteada, na luta contra o despojamento da imensa maioria da humanidade, no amor que liberta, na construção de uma nova sociedade, justa e fraterna".[37] Convém destacar, aqui, dois aspectos fundamentais para o quefazer teológico implícitos nessa "maneira nova de fazer teologia":

1. A realidade que a teologia procura inteligir, "o dom do Reino de Deus", é uma realidade práxico-libertadora: uma realidade que se realiza (sem se esgotar) na história como libertação. Por mais transcendente que seja, é transcendente *na* história. De modo que transcendência e história nem se reduzem (monismo) nem se contrapõem (dualismo) uma à outra, mas constituem uma *unidade estrutural* (respectividade de notas irredutíveis). Na formulação de Gutiérrez,

> não há duas histórias, uma profana e outra sagrada, "justapostas" ou "estreitamente ligadas", mas um único devir humano assumido irreversivelmente por Cristo, Senhor da história. Sua obra redentora abarca todas as dimensões da existência e a conduz ao seu pleno cumprimento. A história da salvação é a entranha mesma da história da humanidade.[38]

2. Enquanto "reflexão crítica da práxis histórica", a teologia é "um momento do processo através do qual o mundo é transformado". Embora Gutiérrez não tenha conseguido desenvolver suficientemente e tirar todas as con-

---

[37] GUTIÉRREZ, *Teología de la liberación*, cit., pp. 87s.
[38] Ibid., p. 245.

sequências dessa tese, indicou com ela um caminho extremamente fecundo para a compreensão e desenvolvimento da atividade teológica: parte da práxis do reinado de Deus e está a serviço dessa mesma práxis (caráter práxico), inteligindo sentido e não em contraposição aos sentidos (caráter sentiente), é momento *da* práxis, mas *um* momento (caráter de momento). De modo que, do ponto de vista estritamente teórico, a problemática da TdL é, última instância, o problema da relação "práxis teologal" – "teoria teológica".[39] Um dos problemas teóricos mais complexos/difíceis e mais decisivos/determinantes da TdL que aqui mal podemos indicar.

## A modo de conclusão-convocação

Dizíamos na introdução desse artigo que nossa reflexão sobre a atualidade da TdL seria uma reflexão *a partir* e *em vista* do fortalecimento do movimento teológico-pastoral conhecido como teologia da libertação. Por essa razão nossa "conclusão" tem um caráter de *convocação*: pé na estrada! Mãos à obra!

É preciso seguir configurando nossa *vida eclesial como seguimento de Jesus de Nazaré*: fidelidade ao Deus dos pobres e oprimidos na oração/liturgia (imagem de Deus, linguagem/discurso sobre Deus, cantos, formulação das orações, ritos etc.), na prática cotidiana de cada um (modo de se relacionar com os outros, ação/reação etc.), na organização eclesial (comunidade – carismas – ministérios) e no trabalho pastoral (prioridade absoluta das necessidades da humanidade sofredora).

É preciso fortalecer as diversas *lutas populares presentes hoje* em nossa sociedade: sem terra, sem teto, povo da rua, pescadores, marisqueiras, menores, mulheres, negros, índios, atingidos por barragem, seringueiros, ribeirinhos, lutas de bairro etc etc. Elas são mediações objetivas do dinamismo de vida suscitado por Jesus e seu Espírito na estruturação e institucionalização da vida social.

É preciso tomar em sério e desenvolver, de modo consequente, o *momento mais estritamente teórico-teológico da práxis de fé*: *um* momento espe-

---

[39] Cf. ELLACURÍA, I. Relación teoría y praxis en la teología de la liberación, cit.; Id. Hacia una fundamentación del método teológico latinoamericano, cit., pp. 187-218.

cífico irredutível (com seu dinamismo, com suas exigências, tarefas, métodos, instrumentos etc.), mas um momento *da* práxis de fé, da qual recebe sua última determinação (realidade a ser inteligida, meta da intelecção, modo de intelecção, lugar de verificação etc.).

Essa é a hora que nos toca viver e viver como seguidores/as de Jesus de Nazaré: sempre na fidelidade ao Deus dos pobres e aos pobres da terra. E nessa fidelidade se joga a atualidade presente e futura da TdL.

> *É tarde*
> *mas é nossa hora.*
> *É tarde*
> *mas é todo o tempo que temos à mão para fazer o futuro.*
> *É tarde*
> *mas somos nós essa hora tardia*
> *É tarde*
> *mas é madrugada se insistimos um pouco.*
>
> *Pedro Casaldáliga*

# 2

# Gustavo Gutiérrez e o método da teologia da libertação

Embora não se possa afirmar sem mais que Gustavo Gutiérrez seja o "pai" ou o "fundador" da TdL,[1] esta está sem dúvida nenhuma estreitamente vinculada à sua vida e produção teológica. E por muitas razões: ele pertence à primeira geração de teólogos da libertação;[2] foi quem primeiro e melhor formulou as linhas e orientações fundamentais da TdL;[3] seu livro

---

[1] Por um lado, ele é parte do movimento eclesial latino-americano e não seu "fundador" sem mais. Por outro lado, sua produção teológica não é um fato isolado. No mesmo ano em que publica no Peru *Teologia de la Liberación* (1971), Ellacuría publica em El Salvador um artigo intitulado "Liberación: misión y carisma de la iglesia latinoamericana", Boff publica no Brasil, em forma de artigos, *Jesus Cristo Libertador* e Assmann publica no Uruguai *Opresión-liberación: desafio de los cristianos*.

[2] Um marco fundamental na história da TdL latino-americana foi, sem dúvida nenhuma, o primeiro encontro de teólogos latino-americanos, realizado em março de 1964, no Instituto Teológico dos Franciscanos em Petrópolis, no Rio de Janeiro. Participaram desse encontro, entre outros, Juan Luis Segundo (Uruguai), Lucio Gera (Argentina) e Gustavo Gutiérrez (Peru). A partir de 1965 o Instituto de Teologia Pastoral Latino-americano (ITEPAL), dirigido pelo chileno Segundo Galilea, organiza uma série de encontros e simpósios de teologia, nos quais se vai forjando e amadurecendo uma perspectiva teológica latino-americana, um dos objetivos explícitos do encontro de 1964 em Petrópolis (cf. OLIVEIROS, Roberto. *Liberación y teología. Génesis y crecimiento de una reflexión: 1966-1976*. Lima: CEP, 1977, pp. 52-57; SARANYANA, Josep Ignasi (dir). *Teología en América Latina. El siglo de las teologías latinoamericanistas (1899-2001)*. Madrid: Iberoamericana, 2002, pp. 262s. V. III; BOFF, Leonardo; BOFF, Clodovis. *Como fazer Teologia da Libertação*. Petrópolis: Vozes, 1998, pp. 111-113).

[3] Referindo-se ao encontro de Petrópolis, afirma Oliveiros que "a comunicação de Gustavo Gutiérrez foi a mais rica nessa reunião, tanto em nível teológico quanto em sua perspectiva latino-americana [...]. A pergunta com a qual inicia sua exposição é: como estabelecer o diálogo salvador com o homem da América Latina?". Para responder a tal pergunta, passa a considerar tanto a ação do homem latino-americano quanto as opções pastorais da Igreja da América Latina. "Temos, já aqui, em embrião, o que posteriormente se denominará a função crítica da teologia da práxis dos cristãos." Por fim, propõe um novo enfoque pastoral: "estatuto da humanidade tocada pela graça diante da Igreja-instituição" (OLIVEIROS, op. cit., pp. 55ss). Essas ideias iniciais vão sendo aprofundadas e elaboradas nos anos seguintes. Em 1967, em um curso sobre

*Teologia da libertação*, além de um dos principais veículos de difusão dessa teologia, adquiriu um valor simbólico, tornando-se como que seu marco teórico inicial. Não por acaso, Pedro Casaldáliga se refere a ele poeticamente como "maestro antiguo", "'Suma' criolla de la Liberación", "Tomasito de América Latina".[4]

Neste capítulo apresentaremos em linhas gerais sua compreensão da TdL e de seu método (I) e faremos uma apreciação crítica dela, indicando alguns pontos ou aspectos de sua abordagem que nos parecem problemáticos ou pelo menos não adequada e suficientemente elaborados (II).

## Compreensão e formulação da TdL e de seu método

Para Gustavo Gutiérrez, a TdL não é uma teologia do genitivo como tantas que proliferaram na Europa (teologia *do* laicato, teologia *do* trabalho, teologia *das* realidades terrestres, etc.).[5] Não se trata tanto de "um novo tema para a reflexão", mas de "uma *maneira nova* de fazer teologia",[6] estruturada por "duas intuições centrais que foram as primeiras cronologicamente e que continuam constituindo sua coluna vertebral": o método teológico e a perspectiva do pobre.[7]

---

"la iglesia y la pobreza", em Montreal, aparece uma das colunas vertebrais de sua teologia: "os pobres de Javé". Em junho de 1968 faz uma conferência no 2º Encontro de Sacerdotes e Leigos de Chimbote, Peru, com o tema: "*hacia* una teología de la liberación". Em novembro de 1969 participa do encontro internacional de teólogos em Cartigny, Suíça, com uma conferência intitulada "*notas* para una teología de la liberación", mudando, assim, o tema que lhe havia sido pedido: "el significado del desarrollo". Em maio de 1970, não podendo estar presente, envia um texto para um simpósio de teologia em Bogotá, intitulado "*esbozo* para una teología de la liberación". E, no final de 1971, aparece, por fim, sua obra histórica *Teología de la liberación, perspectivas* (cf. OLIVEIROS, op. cit., pp. 98ss, pp. 167-177; GÓMEZ DE SOUZA, Luiz Alberto. A força histórica da reflexão de Gustavo Gutiérrez. *REB* 48/191 [1988] 553-564, aqui pp. 555-557).

[4] CASALDÁLIGA, Pedro. Gustavo Gutiérrez. In: CASALDÁLIGA, Pedro. *Todavía estas palabras*. Estella: Verbo Divino, 1994, pp. 74s.

[5] O fato de não falar, explicitamente, dos pobres como *lugar teológico*, não significa, como pensa Saranyana, que Gutiérrez entenda a TdL como uma "teologia do genitivo" (Cf. SARANYANA, op. cit., p. 287).

[6] GUTIÉRREZ, Gustavo. *Teología de la liberación*. Perspectivas. Lima: CEP, 1988, p. 87.

[7] Id. *A força histórica dos pobres*. Petrópolis: Vozes, 1981, p. 293.

## *O método teológico*

O *método teológico* caracteriza-se, fundamentalmente, pelo primado da práxis. Esta constitui o "ato primeiro" a ser refletido pela teoria teológica, "ato segundo"[8]. O primado da práxis indica o esforço de (A) "fazer valer a importância do comportamento concreto, do gesto, da ação, da práxis na vida cristã"[9] e de (B) "colocar o trabalho teológico no complexo e fecundo contexto da relação prática-teoria".[10]

Por um lado, insiste no primado dos "aspectos existenciais e ativos da vida cristã": A "comunhão com o Senhor significa [...] uma vida centrada no compromisso concreto e criador de serviço aos demais"; "a comunidade cristã professa uma 'fé que opera pela caridade'"; "o primeiro é o compromisso de caridade, de serviço";[11] "a veneração a Deus e a prática de sua vontade são condições necessárias para uma reflexão sobre ele"; "contemplar e praticar constituem juntos, de alguma maneira, o momento do silêncio ante Deus [...]. Calar é a condição do encontro amoroso – oração e compromisso – com Deus".[12] Embora não se encontre em Gutiérrez uma formulação precisa e rigorosa do *conceito de práxis*,[13] pode-se identificar nos usos que faz da expressão três traços ou notas que, em certa medida, o delineiam e o concretizam. Em primeiro lugar, práxis diz respeito ao *caráter ativo e transformador da fé cristã*. Negativamente, procura superar "o primado e quase exclusividade do doutrinal na vida cristã".[14] Positivamente, quer "ressaltar o papel do compromisso concreto na vida cristã na linha do 'obrar a verdade'".[15] Em segundo lugar, a práxis *diz respeito tanto à contemplação, quanto à ação*: "contemplação e compromisso na história são dimensões fun-

---

[8] Cf. ibid.; Id. *Teología de la liberación*, cit., p. 81; Id. *Hablar de Dios desde el sufrimiento del inocente*. Una reflexión sobre el libro de Job. Salamanca: Sígueme, 1986, p. 17.
[9] Id. *Teología de la liberación*, cit., p. 79.
[10] Id. *A força histórica dos pobres*, cit., p. 293.
[11] Id. *Teología de la liberación*, cit., pp. 72, 80s.
[12] Id. *La verdad los hará libres*: confrontaciones. Lima: CEP, 1986, pp. 12, 13.
[13] Isso não significa que desconheça a complexa história do conceito práxis (Cf. ibid., pp. 125-130).
[14] Id. *Teología de la liberación*, cit., p. 79.
[15] Id. *La verdad los hará libres*, cit., pp. 145, 138; Id. *A força histórica dos pobres*, cit., p. 90.

damentais da existência cristã".[16] É sinônimo de vida cristã, de fé, de espiritualidade, de pastoral, isto é, do "ato primeiro" a ser refletido pela teologia, "ato segundo".[17] Em terceiro lugar, *abrange tanto a práxis eclesial, quanto a práxis histórica total,*[18] embora esse segundo aspecto não seja, do ponto de vista teológico, suficientemente elaborado.

Por outro lado, procura assumir um dos traços fundamentais da consciência contemporânea acerca do saber, qual seja, o "papel mais ativo" do ser humano no conhecimento, destacando a "função crítica da teologia" com respeito à práxis e situando-a no marco da relação conhecimento-transformação, teoria-prática:

> O conhecimento está ligado à transformação. Só se conhece a história [...], transformando-a e transformando-se a si mesmo [...]. A práxis transformadora da história não é o momento da encarnação degradada de uma teoria límpida e bem pensada, mas sim a matriz de um conhecimento autêntico e a prova decisiva de seu valor.[19]

Nesta perspectiva, a teologia aparece antes de mais nada como "reflexão crítica da práxis histórica à luz da Palavra", como uma "teologia da transformação [...] da história da humanidade e [...], portanto, também, de sua porção – reunida em *ecclesia* – que confessa abertamente a Cristo".[20] Para maior clareza e precisão da postura de Gutiérrez aqui, convém destacar e explicitar alguns pontos ou aspectos. Em primeiro lugar, a práxis cristã (contemplação-ação) é um momento constitutivo da teologia cristã. Essa é uma das teses fundamentais de Gutiérrez.

---

[16] Id. *La verdad los hará libres*, cit., p. 12; Cf. ibid., p. 73. Desta forma, supera tanto a concepção antiga, centrada na teoria, quanto as concepções modernas, centradas na atividade produtiva ou política.

[17] Cf. ibid., pp. 12, 15; Id. *A força histórica dos pobres*, cit., p. 85.

[18] Cf. id. *Teología de la liberación*, cit., pp. 81-88; Id. *A força histórica dos pobres*, cit., pp. 57ss. Se na conferência de Cartigny, em 1969, falava da teologia como "função crítica da ação pastoral da Igreja", no livro *Teologia da Libertação*, fala da teologia como "reflexão crítica da práxis histórica" (cf. OLIVEIROS, op. cit., pp. 170).

[19] GUTIÉRREZ, Gustavo. *A força histórica dos pobres*, cit., pp. 89s.

[20] Id. *Teología de la liberación*, cit., pp. 85, 87; cf. id. Evangelio y praxis de liberación. In: INSTITUTO FE Y SECULARIDAD. *Fe cristiana y cambio social en América Latina*: Encuentro de El Escorial, 1972. Salamanca: Sígueme, 1973, pp. 231-245, aqui pp. 242-245.

O caminho para ser cristão é o fundamento da direção que se toma para fazer teologia. Por isso, pode-se dizer que *nossa metodologia é nossa espiritualidade*, isto é, uma maneira de ser cristão. Só se pode refletir sobre o mistério de Deus seguindo os passos de Jesus.[21]

Em segundo lugar, essa centralidade da práxis, inclusive na reflexão teológica, implica uma extrapolação do âmbito da mediação filosófica na direção das ciências que se dedicam à analise da práxis, sobretudo as *ciências sociais*. Trata-se, aqui, de um "meio" para conhecer melhor a realidade social e não para o estudo de "assuntos considerados mais estritamente teológicos".[22] A teologia, diz ele, "deve ter em conta essa contribuição, mas em seu trabalho deverá apelar sempre a suas próprias fontes".[23] Em terceiro lugar, embora a teologia não se reduza à sua função crítica, essa não é, simplesmente, uma entre outras. Por um lado, supõe e assume como tarefas ou funções permanentes da teologia o que constituiu suas duas configurações históricas fundamentais: teologia como *sabedoria* e teologia como *saber racional*.[24] Por outro lado, a função *crítica* da teologia leva, necessariamente, a uma redefinição das outras duas funções. "A partir de agora, sabedoria e saber racional terão, mais explicitamente, como ponto de partida e como contexto, a práxis histórica".[25] Em quarto lugar, a *função crítica da teologia* diz respeito a seus aspectos epistemológicos (fundamentos, instrumentos conceituais etc.), aos "condicionamentos econômicos e socioculturais da vida e reflexão da comunidade cristã" e, sobretudo, à práxis:

> a reflexão teológica seria, então, necessariamente, uma crítica da sociedade e da Igreja, enquanto convocadas e interpeladas pela Palavra de Deus; uma teoria crítica, à luz da palavra aceita na fé, animada

---

[21] Id. *La verdad los hará libres*, cit., pp. 14s; cf. ibid., p. 71; Id. *Hablar de Dios desde el sufrimiento del inocente*, cit., 25; Id. *Beber en su propio pozo: En el itinerario espiritual de un pueblo*. Lima: CEP, 1983, pp. 59-61: "Definitivamente, toda autêntica teologia é uma teologia espiritual. Isto não enerva seu caráter rigoroso e científico. Situa-o" (Ibid., 61).

[22] Id. *La verdad los hará libres*, cit., pp. 83, 87, 94.

[23] Ibid., p. 94.

[24] Cf. id. *Teología de la liberación*, cit., pp. 68-72, 85.

[25] Ibid., p. 85.

por uma intenção prática e indissoluvelmente unida, por conseguinte, à práxis histórica.[26]

Em quinto lugar, a função crítica da teologia revela e potencia seu *caráter transformador*. Trata-se de

> uma teologia que não se limita a pensar o mundo, mas que busca situar-se como um momento do processo através do qual o mundo é transformado: abrindo-se – no protesto ante a dignidade humana pisoteada, na luta contra o despojo da imensa maioria da humanidade, no amor que liberta, na construção de uma nova sociedade justa e fraterna – ao dom do Reino de Deus.[27]

O primado da práxis na teologia de Gustavo Gutiérrez não é um fato isolado. Aliás, como reconhece explicitamente, foi possibilitado e condicionado por uma série de fatores. Em primeiro lugar, fatores de ordem científico-filosófica. Com o surgimento da ciência experimental, primeiro, e das ciências sociais e psicológicas, depois, o homem passou a adquirir, progressivamente, um papel mais ativo no conhecimento.[28] Do ponto de vista filosófico, destaca a perspectiva de Maurice Blondel "sobre a ação humana como ponto de partida de toda reflexão" e a "influência do pensamento marxista centrado na práxis, voltado para a transformação do mundo".[29] Em segundo lugar, fatores de ordem estritamente teológica: "redescobrimento da *cari-*

---

[26] Ibid., pp. 80s; Cf. ibid., pp. 13s.

[27] Ibid., pp. 87s.

[28] Id. *A força histórica dos pobres*, cit., p. 89.

[29] Id. *Teología de la liberación*, cit., p. 77. Haveria que mencionar, aqui, uma série de outras correntes filosóficas contemporâneas centradas na ação ou práxis humana (cf. GONZÁLEZ, Antonio. La vigencia del "método teológico" de la teología de la liberación. *Sal Terrae* 983 (1995) 667-675, aqui p. 668). No entanto, a referência explícita a Blondel e ao marxismo pode ajudar a matizar os supostos teóricos e as formulações de Gutiérrez, sobretudo no que diz respeito à "relação teoria-práxis" (cf. id. *Teología de la praxis evangélica*: Ensayo de una teología fundamental. Santander: Sal Terrae, 1999, pp. 75s). Vale ressaltar com Antonio González que "Gutiérrez recorre com frequência a uma interpretação de Marx em termos de 'filosofia da práxis', o que manifesta, provavelmente, uma certa influência da filosofia de Gramsci e de outros setores críticos do marxismo ocidental e latino-americano" (Id. El problema de la historia en la teología de Gustavo Gutiérrez. *RLT* 18 [1989] 335-364, aqui p. 363, nota 33; cf. OLIVEIROS, op. cit., p. 241).

*dade* como centro da vida cristã", como "fundamento da *práxis* do cristão, de sua presença ativa na história"; evolução da *espiritualidade* cristã (vida contemplativa, vida contemplativa e ativa, vida contemplativa na ação, espiritualidade do laicato – atuar cristão no mundo); maior sensibilidade para com os *aspectos antropológicos da revelação* – "redescobrimento da unidade indissolúvel do homem e Deus"; ressurgimento da *vida da igreja como um lugar teológico*; teologia dos *sinais dos tempos* e redescoberta da dimensão escatológica.[30] Se os fatores científico-filosóficos são muito importantes e condicionam, enormemente, a atividade teológica, os fatores teológicos são decisivos. Em teologia, diz Gutiérrez, "não basta ser sensível ao que caracteriza o pensamento de hoje; a confrontação com ele ou a aproximação a outras posições dá-se recorrendo às nossas próprias fontes".[31] Em todo caso, e isso é o decisivo,

> o mundo cultural em que vivemos permite descobrir um ponto de partida e um horizonte no qual se inscreve uma reflexão teológica que deverá trilhar um novo caminho, ao mesmo tempo em que também recorre, necessariamente, a suas próprias fontes.[32]

## *A perspectiva do pobre*

A *perspectiva do pobre*, por sua vez, concretiza e determina a práxis que a TdL procura refletir criticamente, assim como a reflexão crítica que ela procura fazer de qualquer práxis histórica. Se Gutiérrez comparte com a mentalidade contemporânea em geral e com a teologia europeia progressista (sobretudo a francesa), em particular, o primado da práxis ou, mesmo, se o herda de ambas;[33] a perspectiva do pobre constitui, certamente, a especificidade e a marca principal de sua teologia frente a outras teologias da práxis. E não se trata, simplesmente, de um tema (destacado) entre outros. Trata-se,

---

[30] Cf. GUTIÉRREZ, Gustavo. *Teología de la liberación*, cit., pp. 72-80; Id. *La verdad los hará libres*, cit., pp. 138s.

[31] Ibid., p. 129.

[32] Id. *A força histórica dos pobres*, cit., p. 91.

[33] Cf. LIBANIO, João Batista. *Gustavo Gutiérrez*. São Paulo: Loyola, 2004, p. 11; ALFARO, Juan. Problemática actual del método teológico en Europa. In: MALDONADO, op. cit., pp. 409-430, aqui pp. 421-429.

antes, de seu "ponto de partida" e de uma de suas duas "vértebras" fundamentais.

A TdL não é, simplesmente ou sem mais, uma teologia da práxis. É uma teologia feita "a partir do reverso da história" e em vista do processo de libertação dos "Cristos açoitados das Índias". É uma teologia da práxis de libertação. Daí que ela "não poderia ter surgido antes de um certo desenvolvimento do movimento popular e da maturidade de sua práxis histórica de libertação. Essas lutas constituem o lugar de um novo modo de ser homem e mulher na América Latina e, por isso mesmo, de um novo modo de viver a fé e o encontro com o Pai e os irmãos", bem como de um novo modo de "entender a mensagem salvífica do Evangelho".[34] Aí, precisamente, dá-se o "fato maior" da Igreja latino-americana e o chão no qual brotou e se desenvolveu a teologia da libertação: a "irrupção dos pobres".[35]

Gutiérrez insistiu várias vezes em que a diferença e o conflito fundamentais entre as teologias europeias progressistas e a TdL residem no ponto de partida e nos interlocutores prioritários de ambas as teologias.[36] Enquanto as teologias progressistas europeias partem do homem moderno ilustrado "não crente" ou marcado pela não crença, a TdL parte dos pobres, dos explorados, dos que são despojados de sua dignidade humana, da "não--pessoa", isto é, daquele que não é reconhecido como pessoa pela ordem social existente. Frente à pergunta fundamental dessas teologias europeias,

---

[34] GUTIÉRREZ, Gustavo. *A força histórica dos pobres*, cit., pp. 279 e 283, respectivamente. "O compromisso libertador é o lugar de uma experiência espiritual na qual reencontramos o grande tema profético do Antigo Testamento e da pregação de Jesus: *Deus e o pobre*" (ibid., p. 78).

[35] Id. Evangelio y praxis de liberación, cit., p. 232; Id. *A força histórica dos pobres*, cit., pp. 59, 245; Id. *La verdad los hará libres*, cit., pp. 18s; Id. Mirar lejos: Introducción a la nueva edición. *Teología de la liberación*, cit., pp. 9-60, aqui p. 15. O conceito de pobre em Gutiérrez é bastante amplo, a começar pela quantidade de sinônimos: "povos dominados", "classes exploradas", "raças desprezadas", "culturas marginalizadas", "ausentes da história", "mulheres duplamente marginalizadas" etc. Nos últimos anos, sobretudo a partir das críticas a certo reducionismo econômico da pobreza, Gutiérrez insistiu muito na complexidade do mundo dos pobres (cf. id. *Beber en su propio pozo*, cit., pp. 186-188; Id. Mirar lejos: Introducción a la nueva edición, cit., pp. 16-24).

[36] Id. Os pobres na Igreja. *Concilium* 124 (1977/4), 88-94; Id. *A força histórica dos pobres*, cit., pp. 130ss; Id. *La verdad los hará libres*, cit., pp. 17, 38s, 161s; Id. Mirar lejos: Introduccion a la nueva edicion, cit., p. 30.

formulada por Bonhöffer: "como falar de Deus em um mundo adulto",[37] está a pergunta fundamental da TdL, formulada por Gutiérrez: "como falar de Deus a partir do sofrimento inocente".[38] O hiato entre ambas dá-se, antes, "no mundo real onde as pessoas vivem e morrem, creem e esperam" que "no universo das ideias".[39]

Daí que não se possa separar, na TdL, o "método teológico" da "perspectiva do pobre":

> Se a teologia é uma reflexão a partir da práxis e sobre ela, então, é importante ter presente que se trata da práxis de libertação dos oprimidos deste mundo [...] Não basta dizer que a práxis é o ato primeiro; é necessário também considerar o sujeito histórico dessa práxis: os até agora ausentes da história.[40]

## Apreciação crítica

O grande mérito de Gustavo Gutiérrez reside no fato de ter captado, integrado e formulado essas duas intuições fundamentais (método teológico e perspectiva do pobre) como uma "maneira nova de fazer teologia" e, assim, ter ajudado "a criar um novo campo epistemológico no âmbito do pensamento cristão".[41] Tomar a práxis de libertação dos pobres como ponto de partida da teologia não é algo periférico ou secundário no fazer teológico.

---

[37] Gutiérrez refere-se, aqui, à Carta de 30/04/1944, embora a expressão "mundo adulto" (mündig gewordene Welt) só apareça na Carta de 08/06/1944 (cf. BONHÖFFER, Dietrich. *Widerstand und Ergebung*. Hamburg: Siebenstern Taschenbuch, 1971).

[38] GUTIÉRREZ, Gustavo. *Hablar de Dios desde el sufrimiento del inocente*, cit., pp. 18-26.

[39] Id. *A força histórica dos pobres*, cit., p. 131; cf. ibid., pp. 132, 283. "A TdL não é [...] a ala radical da teologia progressista europeia. Esta enfrenta desafios que não são os nossos ou pelo menos não são os prioritários para nós [...] Há uma tendência em certos ambientes europeus a prolongar [...] seus debates internos para teologias que eles persistem em considerar simples apêndices, menos científicos e politicamente mais radicalizados, do que se faz no velho continente" (Id. *La verdad los hará libres*, cit., 160s; cf. id. *Mirar lejos: Introducción a la nueva edición*, cit., p. 27).

[40] Id. *A força histórica dos pobres*, cit., p. 294.

[41] BOFF, Leonardo. A originalidade da teologia de Gustavo Gutiérrez. *REB* 48/191 (1988) 531-543, aqui p. 531.

Como bem recorda Antonio González, a propósito da contribuição de Gutiérrez, "a eleição adequada do ponto de partida da teologia pode determinar decisivamente a formulação da mensagem que o cristianismo quer transmitir a uma humanidade atravessada por enormes conflitos". Assim, exemplifica,

> se a teologia parte [...] da pergunta pelo sentido da vida, o diálogo cultural entre as distintas cosmovisões se situaria no primeiro plano de interesse; enquanto outros problemas humanos seriam relegados a um segundo termo ou seriam excluídos do campo da teologia.[42]

Não por acaso, Gutiérrez se tornou uma referência obrigatória na teologia da libertação. Sua importância se explica, sobretudo, "pela força inspiradora e pela originalidade intuitiva"[43] do caminho apontado.

No entanto, isso não significa que ele tenha tirado todas as consequências de suas intuições fundamentais nem muito menos que a formulação que fez delas tenha sido a mais adequada e acabada. Indicaremos a seguir, sem maiores desenvolvimentos, algumas questões que, do ponto de vista teórico, parecem problemáticas ou não adequadamente formuladas.

1. Quanto às "intuições centrais" que constituem a "coluna vertebral" da TdL, "método teológico" e "perspectiva do pobre", o modo como as formula dá a entender que, embora sendo "inseparáveis" e que o "nó da questão" resida precisamente nessa inseparabilidade, são coisas distintas.[44] Parece que seria mais correto e preciso falar do "primado da práxis" e da "perspectiva do pobre" como as duas intuições ou vértebras fundamentais do método da TdL, assumindo a "perspectiva do pobre" como constitutiva do método e não, simplesmente, a ele vinculada, ainda que necessariamente.

2. Quanto aos dois momentos do que chama método teológico: "ato primeiro" e "ato segundo", sua intenção fundamental é mostrar o vínculo constitutivo entre "a vida cristã e a reflexão propriamente dita". O problema está na formulação desse vínculo. Embora reconhecendo que na vida de fé de todo crente e de toda comunidade crente haja algum nível de inteli-

---

[42] GONZÁLEZ, Antonio. La vigencia del "método teológico" de la teología de la liberación, cit., p. 669.
[43] LIBÂNIO, op. cit., p. 11.
[44] Cf. GUTIÉRREZ, Gustavo. *A força histórica dos pobres*, cit., pp. 293s.

gência ou mesmo um "esboço de teologia" e que é sobre "esta base, e só graças a ela, que se pode levantar o edifício da teologia no sentido preciso e técnico do termo";[45] embora afirmando que a teologia "como reflexão crítica da práxis histórica" é "um momento do processo através do qual o mundo é transformado";[46] a formulação do problema em termos de "atos" e, sobretudo, de "ato primeiro" e "ato segundo", "antes" e "depois" parece não dar conta do fato, reconhecido, de que em toda vida de fé (e não apenas na reflexão teológica no sentido técnico da palavra) há algum nível de inteligência ou algum esboço teológico. Por que não falar, simplesmente, de "momentos", como faz alguma vez? Seria Gutiérrez, nesse ponto, vítima de um certo dualismo blondeliano entre ação e pensamento, como insinua Antonio González?[47]

3. Ainda sobre a relação práxis-teoria ou, mais precisamente, ortopráxis-ortodoxia – o problema da verdade ou do critério último. Frente às críticas que se abateram sobre a afirmação do primado da práxis, Gutiérrez parece ter recuado: "Os critérios últimos vêm da verdade revelada que acolhemos na fé e não da práxis mesma. Carece de sentido, seria uma tautologia entre outras coisas, dizer que a práxis é criticada 'à luz da práxis'; ademais, em todo caso, isso significaria estar fora de um trabalho propriamente teológico".[48] E se a vida, a práxis de Jesus for, em si mesma, a verdade revelada (Jo 1,9; 14,6; 18,37)? E se a verdade revelada for uma verdade prática, uma verdade que "se faz", que "se pratica" (Jo 3,19-21), como reconhece o próprio Gutiérrez, no mesmo artigo? E se "o trabalho propriamente teológico" for um "momento" da práxis de fé e, ademais, um momento a ser *veri-ficado*, feito verdade? Uma coisa é afirmar que a revelação e a fé não se reduzem ao momento de ação, de realização e, consequentemente, que esse momento não pode ser o único critério de verdade. Outra coisa, bem diferente, é contrapor a verdade revelada à práxis, como se a verdade revelada não fosse uma verdade prática. Uma coisa é afirmar que o critério último da práxis cristã é a práxis de

---

[45] Id. *Teología de la liberación*, cit., p. 67.
[46] Ibid., p. 87.
[47] Cf. GONZÁLEZ, Antonio. *Teología de la praxis evangélica*, cit., p. 76.
[48] GUTIÉRREZ, Gustavo. *La verdad los hará libres*, cit., p. 140; cf. id. *Teología de la liberación*, cit., p. 79, nota (a).

Jesus Cristo e, neste sentido, a práxis cristã seria criticada "à luz da práxis" de Jesus Cristo. Outra, bem diferente, é contrapor verdade revelada e práxis. Noutras palavras, o confronto parece dar-se, não entre verdade revelada e práxis, mas entre a práxis da revelação e a práxis da fé.

4. Chama a atenção o fato de Gutiérrez assumir a espiritualidade como um momento do método teológico, reconhecer a "vida mesma da Igreja" como "lugar teológico", mas não assumir as ciências que ajudam a conhecer melhor alguns aspectos dessa espiritualidade e dessa vida, bem como da realidade em que se dão como um momento constitutivo do método teológico: "O trabalho teológico propriamente dito começa quando tentamos ler essa realidade à luz da palavra. Ele implica ir às fontes da revelação".[49] Gutiérrez deixa as ciências sociais, no dizer de Juan Luis Segundo, "no umbral da teologia", quando, a seu ver e ao nosso também, "elas penetram o quefazer teológico sem pretender com isso substituir as fontes e normas próprias da teologia". Elas têm, aí, uma função crítica: manter viva e atuante no interior na atividade teológica a "suspeita ideológica". A própria Palavra de Deus, diz Segundo, "pretende recordar a toda hora ao teólogo que sua interpretação da revelação, a fim de entendê-la e praticá-la, pode desviar-se e começar a servir aos fins da exploração do homem pelo homem, como, segundo os sinóticos, no tempo de Jesus e no caso dos escribas e fariseus".[50]

---

[49] Id. Mirar lejos: Introducción a la nueva edición, cit., p. 24; cf. id. *La verdad los hará libres*, cit., pp. 83, 94.

[50] SEGUNDO, Juan Luís. Críticas e autocríticas de la teología de la liberación. In: COMBLIN, José; GONZÁLEZ FAUS, José Ignacio; SOBRINO, Jon. *Cambio social y pensamiento cristiano en América Latina*. Madrid: Trotta, 1993, pp. 215-236, aqui pp. 224 e 234, respectivamente.

# 3

# Clodovis Boff e o método da teologia da libertação: uma aproximação crítica[1]

Clodovis Boff é, sem dúvida nenhuma, "o autor que mais refletiu sobre aspectos metodológicos da teologia da libertação".[2] E tanto quantitativa quanto qualitativamente. A ponto de não poucos autores[3] tomarem sua concepção e proposta do método da TdL como *o* método dessa teologia, mesmo que não considerem, criticamente, ou não assumam, explícita e integralmente, a concepção de TdL que subjaz ao método por ele proposto. De modo que, independentemente do fato de se identificar ou não seu método com o método da TdL e de se está ou não de acordo com sua concepção de TdL e com o método que tal concepção implica ou supõe,[4] ele é uma referência

---

[1] Publicado na *REB* 271 (2008) 597-613 e traduzido para o alemão: Clodovis Boff und die Methode der Befreiungstheologie. In: WECKEL, Ludger. *Die Armen und ihr Ort in der Theologie*. Münster: ITP, 2009, pp. 82-104. Disponível em: <www.itpol.de/?p=267>.

[2] ELLACURÍA, Ignacio. Estudio teológico-pastoral de la 'instrucción sobre algunos aspectos de la teología de la liberación. *Escritos Teológicos I*. San Salvador: UCA, pp. 397-448, aqui p. 437.

[3] Cf. LIBANIO, João Batista. *Teologia da Libertação*: Roteiro didático para um estudo. São Paulo: Loyola, 1987, pp. 157-231; TAMAYO-ACOSTA, Juan José. *Para comprender la Teología de la liberación*. Estella: Verbo Divino, 2000, pp. 71-114; FORNET-BETANCOURT, Raúl. Zur neuen theoretisch-methodologischen Abgrenzung. *Befreiungstheologie*: Kritischer Rückblick und Perspektiven für die Zukunft. Band 2. Kritische Auswertung und neue Herausforderungen. Mainz: Mathias-Grünewald, 1997, pp. 361-381; GOLDSTEIN, Horst. Methode. *Kleines Lexikon zur Theologie der Befreiung*. Düsseldorf: Patmos, 1991, pp. 155-156.

[4] Taborda, por exemplo, apresenta o método de TdL proposto por Clodovis Boff como *um* entre outros (cf. TABORDA, Francisco. Métodos teológicos na América Latina. *Persp. Teol.* 19 [1987] 293-319), e Antonio González, indo mais longe ainda, afirma: "Embora se costume apresentar o livro de Clodovis Boff, *Teologia e prática: Teologia do político e suas mediações*, como a fundamentação epistemológica da teologia da libertação (como reza o título da edição alemã), o certo é que o próprio autor não entende sua obra como uma fundamentação de uma nova teologia como é a teologia da libertação, mas como uma mediação entre os temas clássicos da teologia

e um ponto de passagem obrigatórios em matéria de método teológico na teologia da libertação. E isto vale especialmente no caso do Brasil onde ele é, praticamente, o único teólogo que discute com autoridade as questões de metodologia teológica em geral e da TdL, em particular. Daí a pertinência e importância da reflexão que propomos neste capítulo. Num primeiro momento, procuraremos esboçar sua concepção de teologia da libertação bem como do método que tal concepção supõe ou implica. Num segundo momento, indicaremos, sem maiores desenvolvimentos, algumas questões que nos parecem problemáticas ou não adequadamente formuladas em sua concepção e formulação da TdL e de seu método.

## Compreensão e formulação da TdL e de seu método

*Grosso modo*, pode-se identificar, ao longo de seus quase 40 anos de estudo, discussão e formulação da problemática do método teológico, *três fases* que correspondem a *três caracterizações ou compreensões* da teologia da libertação e de seu método: TdL como um *tema* da teologia, TdL como um *horizonte ou perspectiva* da teologia e TdL como um *momento ou dimensão* da teologia. Evidentemente, não se trata de fases e compreensões estanques ou contrapostas. Trata-se, antes, de formulações e/ou acentos que ampliam, perfilam e precisam uma determinada visão da TdL que, a nosso ver, não obstante pequenas rupturas, perpassa, explícita ou latentemente, toda sua reflexão e produção ao longo desses anos.

### *TdL como* um tema *da teologia*

A primeira fase, em certo sentido decisiva, tem sua elaboração mais acabada na tese doutoral defendida em Lovaina (Bélgica) em 1976.[5] Aí, a

---

e as ciências sociais" (GONZÁLEZ, Antonio. *Trinidad y liberación*: La teología trinitaria considerada desde la perspectiva de la teología de la liberación. San Salvador: UCA, 1994, pp. 50, nota 2). Na mesma linha de Antonio González vai a reação de Schmidt (cf. SCHMIDT, Walter. *Option für die Armen?* Erkenntnistheorethische, sozialwissenschftliche und sozialethiche Überlegungen zur Armutsbekämpfung. München/Mering: Reiner Hampp, 2005, pp. 35, 146).

[5] BOFF, Clodovis. *Teologia e prática*: teologia do político e suas mediações. Petrópolis: Vozes, 1978; para uma visão sintética e de conjunto: Id. Teologia e prática. *REB* 36/144 (1976) 789-810.

TdL é compreendida, fundamentalmente, como uma *teologia do político* e seu método tem a ver, fundamentalmente, com o problema das *mediações* dessa teologia.

Por um lado, Clodovis Boff, contra a pretensão dos teólogos da libertação e efetuando uma verdadeira "deslocação" epistemológica,[6] aborda a TdL como uma teologia do genitivo, uma teologia que trata de um tema específico, o político; uma teologia particular situada no campo total da teologia ou, quiçá mais restrito ainda, numa área ou zona da teologia total. Para isso, distingue entre o que chama "Teologia 1" (T1) e "Teologia 2" (T2). Enquanto a primeira se ocuparia das "realidades especificamente 'religiosas'" (Deus, criação, Cristo, graça, pecado, etc.), a segunda se ocuparia das "realidades 'seculares'" (cultura, sexualidade, história, política etc.). "A diferença essencial entre T1 e T2 tem por base unicamente a *temática* – o que deve ser teologizado: *theologizandum* – e não a pertinência (perspectiva) – aquilo por que se teologiza: *theologizans*".[7] Neste contexto, a TdL, enquanto teologia do político, situa-se no que ele denomina T2, que, por sua vez, "constitui uma das grandes zonas da Teologia enquanto tal". De modo que tomar a "libertação" como "um 'horizonte' no interior do qual se lê toda a tradição de fé" parece a Boff, neste momento, não passar de uma "retórica".[8] Noutras palavras:

> fazer da teologia da libertação um todo propriamente orgânico é uma empresa que não tem mais significação do que pode ter uma ideologia. Ela pode dar corpo a um discurso determinado, mas só pode fazê-lo a preço de dissimulação dos conteúdos teóricos que estão pressupostos neste mesmo discurso e que somente uma teologia de tipo T1 pode fornecer.[9]

Mais claro não poderia ser. A TdL é (A) uma "teologia do político" (B) situada na área ou zona "T2" e, quanto tal, (C) supõe a "T1", que corres-

---

[6] Id. *Teologia e prática*, cit., p. 33; Id. Teologia e prática, cit., p. 809.
[7] Id. *Teologia e prática*, cit., p. 32. Cf. ibid., pp. 158-165.
[8] Ibid., p. 33.
[9] Id. Teologia e prática, cit., p. 810.

ponde à "teologia clássica". Daí que deva ser situada e *com-preendida* (não contraposta!) no corpo da teologia integral.[10]

Por outro lado, procura explicitar e articular os princípios ou postulados implícitos nessa compreensão de teologia. Seu propósito, aqui, é "discutir os problemas fundamentais de uma teoria da teologia do político";[11] analisar seus "imperativos metodológicos";[12] explicitar e formular seu "estatuto teórico". Para Boff esses princípios ou postulados se articulam em torno a três problemas metodológicos fundamentais com suas respectivas mediações[13] que, aliás, correspondem à estrutura básica de sua tese doutoral:[14] Em primeiro lugar, o problema do objeto da teologia, o político, mediado pelas ciências socioanalíticas. Está em jogo, aqui, a constituição do *objeto material* da teologia. Embora se trate de uma etapa "pré-teológica", trata-se de uma etapa "constitutiva" do método total dessa teologia. Em segundo lugar, o problema do modo de apropriação teológica deste objeto, o político, mediado pela hermenêutica bíblico-teológica. Está em jogo, aqui, a pertinência ou formalidade teológica do discurso, o *objeto formal* da teologia. Em terceiro lugar, o problema da relação com a prática, enquanto esta "constitui o verdadeiro meio de realização da prática teológica concreta". Em síntese, o método[15] da TdL, enquanto teologia do político, está construído sobre "dois

---

[10] Ibid. Reagindo contra "certas polêmicas atuais" que "deixam e fazem mesmo pensar" que a T2 "exclua" ou "substitua" a T1, cita diretamente Ellacuría (cf. id. *Teologia e prática*, cit., pp. 159s, nota 63). O problema é que Ellacuría não compreende a TdL como uma teologia do político (T2) nem aceita a formulação de Boff, de modo que sua compreensão e formulação não podem ser enquadradas ou engessadas na compreensão e formulação de Boff.

[11] Ibid., p. 27.

[12] Id. Teologia e prática, cit., p. 791.

[13] A categoria "mediação" desempenha um papel fundamental na reflexão de Boff (cf. id. Como vejo a teologia trinta anos depois. In: SUSIN, Luis Carlos (org.). *O mar se abriu*: trinta anos de teologia na América Latina. São Paulo: Loyola, 2000, pp. 79-95, aqui pp. 83-85). "Através deste conceito, queremos designar o conjunto dos meios que o pensamento teológico integra para captar seu objeto. Tais meios devem ser compreendidos como um *medium quo*, entretendo com a teologia uma ligação não apenas técnica, mas orgânica" (Id. *Teologia e prática*, cit., p. 26).

[14] Cf. ibid., pp. 21s, 25ss.

[15] "O método nada mais é senão o sistema de mediações concretas que asseguram o acesso ao objeto de conhecimento. Ele é a determinação técnica do modo de aproximação ao objeto" (Id. Teologia e prática, cit., p. 795).

pilares mestres":[16] Mediação Socioanalítica e Mediação Hermenêutica. Se ao primeiro pilar cabe a primazia "lógico-cronológica", ao segundo cabe a primazia "na ordem da importância".[17] Quanto à práxis, terceira mediação, ela não pertence, propriamente, ao "estatuto epistemológico" da teologia do político, mas ao seu "estatuto social e histórico", na medida em que "precede, acompanha e segue o processo teórico por inteiro [...], mas não o constitui como tal".[18] Por fim, vale advertir que o *método*, tal como foi concebido e formulado por Boff, repousa sobre um *pressuposto fundamental*, sem o qual se torna ininteligível e perde sua força teórica: a concepção da *TdL como uma teologia do político*.[19]

## TdL como horizonte ou perspectiva da teologia

A segunda fase, mais crítica e revisionista frente à primeira, aparece tanto no prefácio autocrítico da terceira edição de sua tese doutoral, quanto no artigo que escreveu sobre o método da TdL para a obra *Mysterium Liberationis*.[20] Aí, a TdL é compreendida como uma *"teologia integral"* no *"horizonte ou perspectiva da libertação"*, mas constituída por *dois momentos* distintos, cada com seu método próprio.

Clodovis Boff reconhece que a distinção feita na tese doutoral entre T1 e T2, situando a TdL na T2, não dá conta do fato desta teologia tratar não apenas das chamadas "questões seculares", mas também das chamadas "questões religiosas", como bem testemunha a Coleção Teologia e Libertação, os dois tomos de *Mysterium Liberationis* e uma infinidade de escritos publicados por toda América Latina. De modo que a TdL "não se distingue com base apenas num critério *material* (os temas), mas também e sobretudo

---

[16] Ibid.
[17] Ibid., p. 796.
[18] Ibid.
[19] Ibid., p. 808.
[20] Id. Prefácio autocrítico. In: *Teologia e prática*. Petrópolis: Vozes, 1993, pp. III-XII; Id. Epistemología y método de la teología de la liberación. In: ELLACURÍA, Ignacio; SOBRINO, Jon. *Mysterium Liberationis*: Conceptos fundamentales de la teología de la liberación. Tomo I. San Salvador: UCA, 1993, pp. 79-113. Na verdade, as ponderações e reformulações que se encontram nesses dois artigos já haviam aparecido em um artigo publicado em 1986 (Id. Retrato de 15 anos da Teologia da Libertação. *REB* 46/182 [1986] 263-271).

com base num critério *formal* (perspectiva). A TdL trata de todas as questões [...] precisamente no horizonte da libertação".[21] É, portanto, uma "teologia integral" com uma "perspectiva particular": Ela "'declina' *toda* a teologia em termos específicos, ou seja, libertadores".[22] O que, sim, pode haver na TdL, enquanto "teologia integral", é uma distinção entre o que se poderia chamar um "Momento 1" (M1) que trata dos "dados da fé" (fé positiva) no horizonte da libertação e um "Momento 2" (M2) que trata de sua aplicação ou vivência nos processos históricos de libertação.[23] Trata-se, portanto, de dois momentos no interior de um mesmo processo teológico global, mas dois momentos hierarquicamente articulados. Um é "primeiro e fundamental" e o outro é "segundo e particular". Se o segundo momento tem, normalmente, "a primazia da urgência", ao primeiro momento cabe, sempre, "a primazia do valor".[24] Nesta perspectiva, a TdL poderia ser definida como "teologia da libertação histórica na perspectiva da libertação integral" ou como "teologia da libertação integral com destaque na libertação histórica".[25] E, assim, além de não supor, necessariamente, a "teologia clássica" – mesmo que não se constitua como oposição ou alternativa a ela, mas, antes, como "sua retomada crítica e seu desdobramento superativo"[26] –, parece ir se constituindo cada vez mais "como uma provocação a toda teologia para que assuma claramente a dimensão histórico-política da fé". De modo que a TdL, "ainda que emergente", aparece, cada vez mais, como "a teologia historicamente necessária".[27]

Quanto ao método teológico, aparece aqui uma novidade. Uma vez que a TdL já não é identificada com a teologia do político (T1), tampouco seu método pode ser identificado com o método dessa teologia, tal como aconteceu na fase anterior. Ele será pensado e formulado, agora, a partir dos dois mo-

---

[21] Id. Prefácio autocrítico, cit., p. VI.
[22] Id. Epistemología y método de la teología de la liberación, cit., p. 80.
[23] Cf. ibid., pp. 81s; Id. Prefácio autocrítico, cit., p. VI.
[24] Ibid.; Id. Epistemología y método de la teología de la liberación, cit., p. 85.
[25] Ibid., pp. 80s; Id. Prefácio autocrítico, cit., p. VI.
[26] Ibid., p. VII; cf. id. Epistemología y método de la teología de la liberación, cit., pp. 87-91.
[27] Id. Prefácio autocrítico, cit., p. VII.

mentos (M1 e M2) que constituem o processo teológico global na perspectiva ou horizonte da libertação.

Do *primeiro momento* (M1), diz apenas três coisas, sem maiores desenvolvimentos: (A) ele se estrutura em dois níveis: o *auditus fidei* ("teologia positiva") e o *cogitatio fidei* ("teologia especulativa"); (B) "o resultado dessa operação pode ser assumido depois pela teologia da libertação a título de princípios iluminadores ('à luz de') em seu 'momento 2'"; (C) embora a TdL nem sempre realize esta operação, quando o faz, "atua, senão com um método, pelo menos com um modo próprio, integrando criticamente as teologias já feitas, superando-as criativamente através da exploração de novas dimensões e abrindo-as a seu sentido libertador". É o que ele chama de "refundação epistemológica".[28]

Do *segundo momento* (M2), retoma, por um lado, o que havia desenvolvido na fase anterior a propósito das três mediações, ainda que fazendo algumas correções (certa tendência racionalista e limite do conceito político na primeira mediação, conceito restrito de teologia na segunda mediação, entre outras).[29] Por outro lado, explicita e destaca um "pressuposto epistemológico" fundamental na TdL, suposto mas não desenvolvido na tese: "a originalidade última da TdL não está no método [...]. Está, sim, na raiz do método: naquilo que lhe confere um 'espírito', uma nova maneira de usá-lo. E essa raiz é a 'experiência espiritual do pobre'".[30] Aí se encontra o nexo radical entre a "teoria da fé" e a "práxis da caridade"; aí brota a TdL[31] e aí se esclarece, por fim, a questão do "ponto de partida" da TdL:

> *como teologia* (e como toda teologia) arranca, em última instância, da fé positiva. Esse é seu princípio primário e fundamental. Mas como teologia dotada de um horizonte *particular* – a libertação do oprimido – ela parte do encontro com o pobre. E esse é seu princípio segundo e específico. Em breve, a TdL parte sim do pobre, mas a partir de Deus; e, segundo o necessário "retorno dialético", parte de Deus partindo do pobre. É exata-

---

[28] Id. Epistemología y método de la teología de la liberación, cit., p. 99.
[29] Cf. ibid., pp. 101ss; Id. Prefácio autocrítico, cit., pp. VIIIss.
[30] Ibid., pp. IIIs; Id. Epistemología y método de la teología de la liberación, cit., p. 100.
[31] Cf. ibid., pp. 99s.

mente isso que faz com que a TdL seja profundamente concreta, sem por isso perder seu horizonte de universalidade e transcendência.[32]

O que, aqui, não fica ainda completamente claro é se isso vale – e em que medida – também para o "Momento 1" da teologia ou se está restrito ao "Momento 2". Tomada a reflexão em seu conjunto, parece valer para ambos os momentos.[33] Tomada em seu contexto imediato,[34] entretanto, refere-se, em ambos os artigos, diretamente, ao segundo momento.

## *TdL como* momento ou dimensão *da teologia*

A terceira fase, a atual, aparece em sua monumental *Teoria do Método Teológico* e numa série de artigos que se seguem a esta obra e, em certo sentido, a perfilam e a aprimoram.[35] Aí a TdL e seu método são compreendidos como *um momento da teologia cristã e de seu método*, isto é, como "um 'dispositivo' particular dentro do *órganon* total da teologia".

No artigo biográfico-intelectual "Como vejo a teologia latino-americana trinta anos depois", onde apresenta de modo sucinto suas buscas e descobertas em metodologia teológica, Clodovis Boff afirma ter percebido, desde o início, "que a TdL não podia ser uma teologia completa em si mesma, mas que ela pressupunha uma teologia mais 'básica'". Essa percepção foi formulada, primeiro, nos termos de Teologia 1 e Teologia 2, depois, nos termos de Momento 1 e Momento 2. De todos os modos, afirma, "a TdL aparecia como

---

[32] Id. Prefácio autocrítico, cit., p. V.

[33] Ele mesmo afirma explicitamente: "A verdade é que a TdL tende a elaborar todo o 'depósito da fé' a partir de sua sensibilidade específica, a que vem da 'experiência de Deus no pobre'. Assim é como vai se tornando uma teologia *integral*. Busca, de fato, tematizar, inclusive, o 'momento 1' do processo teológico global, o momento que se refere ao aspecto fundamental e transcendente da fé [...] Neste sentido, o método da TdL incorpora o método da 'teologia clássica', mas não sem refundá-lo profundamente a partir de sua óptica teológica específica: a do oprimido" (Id. Epistemología y método de la teología de la liberación, cit., p. 90).

[34] Cf. ibid., pp. 99s; Id. Prefácio autocrítico, cit., pp. III-V.

[35] Id. *Teoria do método teológico*. Petrópolis: Vozes, 1998; Id. Como vejo a teologia latino-americana trinta anos depois, cit.; Id. Retorno à *arché* da teologia. In: SUSIN, Luis Carlos (org). *Sarça ardente*. Teologia na América Latina: prospectivas. São Paulo: Paulinas, 2000, pp. 145-187; Id. Teología. In: TAMAYO-ACOSTA, Juan José. *Nuevo diccionario de teología*. Madrid: Trotta, 2005, pp. 866-870; Id. Teologia da libertação e volta ao fundamento. *REB* 268 (2007) 1001-1022.

uma teologia parcial e não como uma teologia total". No contexto das aulas de "metodologia teológica", onde procurava situar a TdL no quadro geral da metodologia teológica, passou a se perguntar "se, em vez de falar em 'teologia da libertação', não seria melhor falar simplesmente em uma teologia que leve a sério a dimensão libertadora da fé", de modo que "tal teologia coincidiria de fato com a 'teologia cristã'". Afinal, "se a opção pelos pobres não é algo 'optativo', ela tem de ser assumida por toda teologia (que se queira, por suposto, cristã), também a norte-atlântica, e não só a da periferia do mundo". Nesta perspectiva, continua, "não há propriamente 'teologia da libertação', mas apenas 'teologia cristã' e, portanto, sempre 'teologia com dimensão libertadora'". A TdL não aparece mais como "uma máquina que funciona sozinha", mas como "uma peça integrada em uma máquina maior"; como "um dispositivo teórico do *órganon* completo da teologia". Do ponto de vista epistemológico, conclui, se aqui "a ideia de 'libertação' emerge mais modesta, em contrapartida, a tarefa 'teológica' se mostra mais exigente" e, mesmo, "mais radical". Quanto à teologia da libertação "como tal", diz ele, justifica-se, agora, apenas, "com o estatuto de 'teologia profética'. Não seria uma teologia *de* todos, mas uma teologia *para* todos". Uma teologia que "teria por função lembrar a *toda* e qualquer teologia sua intrínseca vocação libertadora".[36] Boff reconhece o "otimismo assumido" dessa sua posição, embora afirme não se tratar de um otimismo infundado.[37] Reconhece, ademais, que a incorporação satisfatória da dimensão sociolibertadora da fé pela teologia "normal" – o que faria a TdL "desaparecer" como o "torrão de açúcar diluído na xícara de café", "invisível, mas sempre presente, adoçando todo o café" – está longe de se tornar realidade e, inclusive, que

---

[36] Id. Como vejo a teologia latino-americana trinta anos depois, cit., pp. 89-92. As mesmas ideias, com formulações semelhantes ou distintas, aparecem em outros escritos desta fase (cf. id. *Teoria do método teológico*, cit., pp. 17s, 637ss; Id. Retorno à *arché* da teologia, cit., pp. 180-182; Id. Teología, cit., pp. 867s; Id. Teologia da libertação e volta ao fundamento, cit., pp. 1021s). "Costumo comparar a situação atual da Teologia da libertação com a de um *cubo de açúcar* que se diluiu no café: agora é toda Teologia – a Teologia universal – que ganhou gosto de libertação ou – pelo menos – que se vê interpelada a assumir a dimensão libertadora da fé [...] Epistemologicamente falando, diria mesmo: 'A Teologia da Libertação acabou'. Acabou no sentido de que realizou, em boa parte, sua missão" (Id. Retorno à *arché* da teologia, cit., p. 181).

[37] Ibid.

"mais parece pertencer à ordem de uma 'ideia reguladora' que de um objetivo alcançável".[38]

Quanto ao *método teológico*, Boff parte do pressuposto que (A) "só pode ser o método exigido por seu objeto", que (B) esse objeto é "Deus e seu mistério de salvação", (C) cuja apreensão deve corresponder "ao modo de manifestação desse mesmo objeto, que é a revelação" e que, (D) como essa revelação se acolhe na fé, esta constitui o ponto de partida, a fonte, a *arché* ou *fundamentum* da teologia.[39] Em seguida explicita as três dimensões fundamentais da fé e sua relação com a teologia: a "dimensão sapiencial" que corresponde à *fides qua*, a "dimensão cognitiva" que corresponde à *fides quae* e a "dimensão prática" que diz respeito à vida e à prática do povo de Deus. Reconhece que "a fé constitui, de acordo com cada uma dessas dimensões, a fonte de toda teologia" e que "a teologia, sem separar nem contrapor essas dimensões, pode privilegiar uma delas", como de fato aconteceu na história da teologia: enquanto a teologia oriental privilegiou a primeira, a teologia ocidental desenvolveu mais a segunda e a teologia do sul do mundo, especialmente a TdL, destacou a terceira dimensão.[40] No entanto – e aqui parece falhar a lógica ou, pelo menos, ela não se impõe com tanta evidência –, insiste em que apenas a segunda dimensão, que corresponde à "fé positiva ou dogmática", isto é, à *fides quae*, pode ser tomada como o ponto de partida ou como o princípio formal da teologia:[41] "O *início* temporal da teologia está na positividade empírica dos enunciados da fé", embora "suas *origens* afundam nas 'trevas luminosas' do Mistério divino".[42] Sobre estes fundamentos ou bases constrói o edifício teológico. No processo de construção (método), distingue três momentos essenciais: *auditus fidei* (ausculta da

---

[38] Id. Como vejo a teologia latino-americana trinta anos depois, cit., pp. 91s.

[39] Id. Teología, cit., p. 866; Id. Retorno à *arché* da teologia, cit., pp. 154-157.

[40] Ibid., pp. 866s; Id. *Teoria do método teológico*, cit., p. 112.

[41] Ibid., pp. 111s, 119ss; Id. Retorno à *arché* da teologia, cit., pp. 148s.

[42] Ibid., 153. Essa conclusão se funda, em última instância, em uma posição/opção teórica, decisiva em seu pensamento, que o acompanha desde o início: A "distinção" – e, mesmo, contraposição – entre "as leis do pensamento e da linguagem e as leis da realidade", entre "a ordem do ser e a ordem do conhecer"; entre "a teoria e a prática", entre "a vida e a pensamento", entre "a ordem da existência e a ordem da inteligência", entre "o amor e o discurso" (cf. id. *Teologia e prática*, cit., pp. 216; Id. *Teoria do método teológico*, cit., p. 112; Id. Como vejo a teologia latino-americana trinta anos depois, cit., pp. 85-87).

fé), *intellectus fidei* (explicação da fé) e *applicatio fidei* (atualização da fé) com suas respectivas operações: operação hermenêutica para a ausculta da fé, operação especulativa para a explicação da fé e operação prática para a "aplicação" da fé na vida.[43]

O que não fica claro, aqui, é o papel que, do ponto de vista estritamente epistemológico, a "dimensão sociolibertadora da fé" ou a "perspectiva do pobre" desempenha no método teológico, sobretudo nos seus dois primeiros momentos (*auditus fidei* e *intellectus fidei*), tal como está concebido e proposto por Clodovis Boff.[44] Neste ponto, ele se restringe a distinguir e hierarquizar o que chama "enfoque originário" (fé positiva) e "enfoque segundo" (libertação do pobre) e a criticar o que considera uma inversão de enfoques ou princípios na TdL, particularmente em Jon Sobrino.

Por um lado, insiste em que a perspectiva fundamental da teologia é a perspectiva da fé: pensar tudo "à luz da fé". Ela tem o "primado epistemológico" na teologia, constitui seu "enfoque originário". Os demais enfoques (libertação, feminista, étnico, inter-religioso, ecológico) constituem "enfoques segundos" e, como tais, devem se articular com o "enfoque primeiro":

> encontram seu fundamento último e sua justificação radical somente quando se acrescentam à perspectiva própria da teologia – a luz da fé – e operam no vigor da mesma. Essa perspectiva constitui o enfoque originário, perene e insubstituível de todo e qualquer discurso que se quer teológico.[45]

No entanto, o que não fica claro é até que ponto e de que forma esse "enfoque segundo" interfere, realmente, na "positividade da fé" ("enfoque primeiro") e, *caso* isso aconteça, que sentido teria continuar falando de "enfoque segundo", uma vez que este *seria* constitutivo – e não apenas consecutivo – do "enfoque primeiro".

---

[43] Cf. id. *Teoria do método teológico*, cit., pp. 197-296; Id. *Teologia*, cit., pp. 869s.

[44] Não deixa de ser revelador o fato de Boff tratar "o privilégio epistemológico do pobre", precisamente, ao tratar da dimensão prática da fé (cf. id. *Teoria do método teológico*, cit., pp. 174-180). Seria isso um indício de que, na verdade, ele não desempenha nenhum papel teórico fundamental na dimensão cognitiva da fé que corresponde à "fé positiva ou dogmática"?

[45] Ibid., p. 56; cf. ibid., pp. 47, 51-56; Id. *Teología*, cit., pp. 867s.

Por outro lado, tem endurecido, cada vez mais, a crítica ao que considera um "erro de princípio" e uma inversão epistemológica de prioridades na atual TdL, concretamente na teologia de Jon Sobrino. Segundo ele "a atual TdL [...] confere primazia [...] ao pobre e à sua libertação".[46] Com isto, "não é mais Deus, mas o pobre, o princípio operativo da teologia". Ora, "que o pobre seja um princípio da teologia ou uma perspectiva [...] é possível, legítimo e mesmo oportuno. Mas apenas como princípio *segundo*, como prioridade *relativa*", de modo que "a teologia que arranca daí, como é a TdL, só pode ser um 'discurso de segunda ordem', que supõe em sua base uma 'teologia primeira'".[47] O problema, para Boff, é que a TdL ignora ou não aceita "seu estatuto próprio" de "uma 'teologia de segunda ordem' que pressupõe teoricamente uma 'teologia de primeira ordem'" e trata seu "princípio *segundo e regido*" como um "princípio *primeiro e regente*". Com isso realiza uma "inversão de princípio", cujo resultado é a "instrumentalização da fé para a libertação" com o consequente enfraquecimento e esvaziamento da "identidade cristã".[48] Dentre as razões que levaram a essa inversão de princípio, três merecem ser destacadas. Em primeiro lugar, "o descaso epistemológico e a inversão de princípio que ele tacitamente autorizou". Em segundo lugar, "o choque do contato com a pobreza" e o "regime das urgências" imposto por tal situação. Em terceiro lugar, o tributo pago ao antropocentrismo moderno, ainda que em sua versão libertadora centrada no homem pobre.[49] A propósito de Sobrino, critica, fortemente, sua compreensão da TdL como *intellectus amoris*.[50] Esta proposta, diz ele, "pretende substituir" a compre-

---

[46] Id. Teologia da libertação e volta ao fundamento, cit., p. 1002.

[47] Ibid., p. 1004; cf. ibid., pp. 1005s; Id. Como vejo a teologia latino-americana trinta anos depois, cit., p. 89.

[48] Cf. ibid., p. 1006.

[49] Cf. ibid., pp. 1007ss. Quanto ao antropocentrismo moderno, diz Boff, este entrou na teologia católica, primeiro, com o "movimento modernista" e, depois, "com Rahner e sua 'teologia transcendental', que teve seus êxitos, mas diante da qual grandes teólogos, como De Lubac, Von Balthasar e Ratzinger, mantiveram uma distância suspeitosa [sem contudo proceder a uma crítica cerrada]" (ibid., p. 1009).

[50] Cf. SOBRINO, Jon. Teología en un mundo sufriente. La teología de la liberación como "intellectus amoris". *El principio misericordia*: Bajar de la cruz a los pueblos crucificados. Santander: Sal Terrae, 1992, pp. 47-80.

ensão clássica da teologia como *intellectus fidei*[51] e realiza uma verdadeira inversão de princípios, uma vez que o *intellectus amoris*, em Sobrino, refere-se, *prima facie*, ao amor humano e não ao amor de Deus.[52] Algo semelhante vê em sua cristologia, na medida em que, segundo ele, os pobres ocupam aí o lugar que corresponde à "fé apostólica transmitida pela Igreja", como adverte – de "modo pertinente", diz Boff – a "notificação" romana.[53]

## Apreciação crítica

Essa visão panorâmica da reflexão e produção de Clodovis Boff é suficiente para mostrar sua importância em matéria de método na TdL. Se, do ponto de vista quantitativo, já é significativa (407 páginas da tese doutoral, 758 páginas da monumental *Teoria do Método Teológico*, sem falar na quantidade de artigos e outras pequenas publicações); do ponto de vista qualitativo, impressiona pela amplitude de questões abordadas, pela fineza das distinções, pelo rigor das formulações e articulações e pela seriedade teórico-eclesial. Ela pode ser tomada e ponderada tanto em sua totalidade (compreensão global da teologia com suas implicações ou supostos metodológicos), quanto em aspectos pontuais ou questões específicas (uso das ciências sociais, formas do discurso teológico etc.). Se no primeiro caso, é mais problemática e discutível, no segundo caso é, certamente, de grande valia. Em todo caso, de uma forma ou de outra, é ponto de passagem obrigatória em se tratando do método da TdL.

Não é nossa pretensão, aqui, fazer uma discussão ampla e exaustiva sobre sua compreensão e formulação da TdL e de seu método. Isso nos levaria longe demais. Queremos, simplesmente, indicar, sem maiores desenvolvimentos, algumas das questões que, do ponto de vista estritamente epistemológico, parecem-nos problemáticas ou não adequadamente formuladas na obra de Boff.

1. Em sua tese doutoral, Boff se propõe a explicitar, de forma crítica e sistemática, os princípios ou exigências teóricas da TdL como uma "manei-

---

[51] BOFF, Clodovis. *Teoria do método teológico*, cit., p. 122.
[52] Id. Retorno à *arché* da teologia, cit., pp. 175s.
[53] Id. Teologia da libertação e volta ao fundamento, cit., p. 1002.

ra nova" de fazer teologia.[54] Para isso, no entanto, partiu, como ele mesmo afirma,[55] de um pressuposto que condicionou e determinou tal empreendimento: a libertação como um tema da teologia e a TdL como uma teologia do genitivo. Reconhece, inclusive, que tal "postura epistemológica" levou a uma "deslocação" da TdL do "lugar" que lhe era adjudicado pelos teólogos da libertação. Esse pressuposto, nunca totalmente superado, continua até hoje determinando sua compreensão da TdL, ainda que com certas ponderações e com formulações mais matizadas.[56] A questão é se esse procedimento, antes que explicitar os princípios ou exigências teóricas dessa "nova maneira de fazer teologia", como parecia ser seu propósito, não acabou engessando a TdL no esquema *pre-suposto* e, assim, empobrecendo-a e impedindo-a de "dar de si" tudo que podia e pode "dar de si", tanto prática (práxis eclesial), quanto teoricamente (teoria teológica), como bem advertia, criticamente, Ignacio Ellacuría.[57]

2. O problema não se resolve, simplesmente, dizendo que a "libertação" ou a "perspectiva do pobre" é um momento constitutivo de toda teologia cristã, como ele tem insistido nos últimos tempos. E não só pelo "otimismo assumido", para não dizer idealismo ingênuo (ainda que honesto e bem intencionado), de tal postura. É preciso explicitar de que modo essa perspectiva conforma, realmente, toda teologia, inclusive seu momento "positivo ou dogmático". Além do mais, caso isso aconteça, haveria que discutir se a formulação dessa atividade nos termos propostos por Boff – "enfoque segundo" frente a um "enfoque primeiro" – seria a mais adequada, uma vez que, nesse caso, se trataria de um momento constitutivo e não meramente consecutivo. Noutras palavras, se a "perspectiva do pobre" é, realmente, um momento constitutivo de *toda* e da *totalidade* da teologia cristã, não pode ser tratada como "segunda", "posterior", como se a "primeira" ou "anterior" não fosse ou não tivesse que ser também, de algum modo, conformada por ela. A verdade é que não se sente, especialmente nos dois primeiros momentos do

---

[54] Id. *Teologia e prática*, cit., pp. 21, 23.
[55] Id. Teologia e prática, cit., pp. 808ss.
[56] Cf. id. *Teoria do método teológico*, cit., p. 54.
[57] Cf. ELLACURÍA, Ignacio. Historicidad de la salvación cristiana. *Escritos teológicos I*, cit., pp. 535-596, aqui p. 538.

método teológico (*auditus fidei* e *intellectus fidei*), o gosto da libertação que Boff prometera. Parece que o "cubo de açúcar" da libertação ainda não foi diluído no "café" de sua teologia "normal". Possivelmente porque, do ponto de vista estritamente teórico, não constitua, de fato, um de seus ingredientes fundamentais.

3. A modo de exemplo e aprofundando o ponto anterior, consideremos uma de suas formulações do problema de fundo:

> Pergunto-me se a "experiência do pobre" pertence à experiência originária da teologia e da fé em geral. A "experiência do Deus revelado" sem dúvida o é. Mas o é também a "experiência do pobre"? [...] Deus não vem sempre em primeiro lugar, inclusive em sua absolutez, mesmo se não deixa de aparecer como o Libertador dos Pobres, como mostra a Revelação na Sarça ardente? Mas, justamente nesse caso, o pobre não vem necessariamente em seguida? [...] Inclino-me a pensar que, do ponto de vista da fé, a "experiência do pobre" é derivada, não originária, e que só ganha o seu vigor teológico a partir de algo anterior: Deus revelado, o qual opta, sim, pelo pobre.[58]

Aqui está, certamente, o núcleo da questão. Consideremo-la simplesmente do ponto de vista teológico. Se é verdade, como afirma Boff, que (1) a teologia cristã trata de "Deus e seu mistério de salvação", portanto, do "Deus da revelação";[59] que (2) este "revela-se a si mesmo como o defensor dos pobres e o libertador dos oprimidos";[60] que (3) o método adequado à teologia é o que "corresponde ao modo de manifestação desse mesmo objeto que é a revelação",[61] então (A) nem é evidente falar de Deus em sua absolutez, independentemente de sua parcialidade pelos pobres ou anterior a ela, (B) nem, consequentemente, a dialética proposta entre "o primeiro e o segundo". É preciso tomar em sério o fato de que não há, primeiro, uma manifestação de Deus ("universal", imparcial) e, depois, uma opção pelos pobres, como se, em consequência, fosse possível um discurso sobre Deus

---

[58] BOFF, Clodovis. Como vejo a teologia latino-americana trinta anos depois, cit., p. 89.
[59] Id. Teología, cit., p. 866; Id. Retorno à *arché* da teologia, cit., pp. 166s.
[60] Id. *Teoria do método teológico*, cit., p. 47.
[61] Id. Teología, cit., p. 866; Id. Retorno à *arché* da teologia, cit., pp. 154ss.

(em si!?) que prescindisse ou tornasse secundária sua parcialidade pelos pobres (para nós). Não! O Deus bíblico se dá a conhecer como o Deus dos pobres e dos oprimidos (embora seja mais que isso) e, como não temos outra forma de conhecê-lo senão como ele mesmo se deu a conhecer, não podemos prescindir de sua parcialidade nem para falar a ele (experiência) nem para falar dele (teoria).[62] Do contrário, acabaremos falando a e de um outro deus, talvez o "motor imóvel" de Aristóteles, mas não ao e do Deus de Jesus Cristo que é, em si mesmo, originariamente, o Deus dos pobres.

4. Boff insiste em que a fé é o ponto de partida, o princípio, a *arché* ou *fudamentum* últimos da teologia. Distingue três dimensões da fé (experiencial, cognitiva e prática) e as vincula a três aspectos ou dimensões da teologia (*fides qua*, *fides quae*, caridade). Reconhece que "a fé constitui, segundo cada uma dessas dimensões, a fonte de toda teologia" e que "a teologia, sem separar nem contrapor estas dimensões, pode privilegiar uma delas", como, de fato, aconteceu respectivamente com as teologias oriental, ocidental e da libertação.[63] No entanto, afirma dogmaticamente que "embora a fé constitua um só ato sintético, rico de múltiplas determinações [...] é precisamente através da segunda dimensão [...] que se transmite o conteúdo *noético* essencial da fé e, portanto, o princípio inteligível da teologia". Noutras palavras, apenas a *fides quae*, isto é, a "fé positiva ou dogmática" pode constituir o "princípio determinante da teologia".[64] Quando se busca a razão ou o fundamento de tal afirmação, encontra-se apenas a distinção, já presente na tese doutoral, entre "ordem da existência e ordem da inteligência", entre "vida

---

[62] Como bem diz Sobrino, "a relação de Deus com os pobres deste mundo aparece como uma constante em sua revelação. Esta se mantém formalmente como resposta aos clamores dos pobres; e por isso, para conhecer a revelação de Deus é necessário conhecer a realidade dos pobres. Dito de outra forma: a relação Deus-pobres no Êxodo, nos profetas ou em Jesus não é apenas conjuntural e passageira, mas estrutural. Existe uma correlação transcendental entre revelação de Deus e clamor dos pobres e, por isto, embora a revelação de Deus não se reduza a responder ao clamor dos pobres, cremos que sem introduzir essencialmente essa resposta não se compreende a revelação" (SOBRINO, Teología en un mundo sufriente, p. 55; cf. id. *Jesucristo liberador*: Lectura histórica-teológica de Jesús de Nazaret. El Salvador: UCA, 2000, pp. 148-151).

[63] Cf. BOFF, Clodovis. Teología, cit., pp. 866s.

[64] Id. *Teoria do método teológico*, cit., pp. 110s.

e pensamento", numa palavra, entre "pensamento/linguagem e realidade".[65] Tal postura não deixa de ser problemática, não obstante o que tenha de verdade. E isso, pelo menos, por duas razões. Em primeiro lugar, parece não dar conta, suficientemente, da mediação prática de toda linguagem (também teológica) ou de sua constitutiva vinculação com a práxis na qual e da qual surge, como bem mostrou Wittgenstein.[66] Em segundo lugar, porque, a levar às últimas consequências, a própria afirmação cairia por terra, pois se a "ordem do pensamento e da linguagem" é, necessariamente, completamente distinta da "ordem da realidade", ela seria incapaz de dizer a realidade, inclusive a realidade de tal distinção de ordens.[67]

5. A propósito da crítica a Jon Sobrino. Em primeiro lugar, Sobrino não pretende, sem mais, "substituir" o clássico *intellectus fidei* pelo *intellectus amoris*, como afirma Boff.[68] Ele o tem em muita estima e como uma das tarefas da teologia. O que para ele, no entanto, não é tão evidente é que "a teologia tenha que ser apenas isso nem que tenha que ser principalmente isso".[69] Em segundo lugar, quando ele fala de *intellectus fidei*, não se refere, sem mais, à fé, mas às formulações positivas ou dogmáticas dela, cabendo à teologia, neste caso, "explicar e aprofundar intelectualmente os conteúdos da fé e [...] o sentido desses conteúdos".[70] Em terceiro lugar, o *intellectus amoris* de que fala Sobrino não se refere apenas (nem mesmo principalmente) ao amor antropológico, se este é tomado em contraposição ao amor de Deus, como interpreta Boff.[71] O que ele afirma é que "não se vê por que o quefazer

---

[65] Ibid., p. 112; Id. *Teologia e prática*: Teologia do político e suas mediações, cit., p. 216; Id. Como vejo a teologia latino-americana trinta anos depois, cit., pp. 85ss.

[66] Cf. WITTGENSTEIN, Ludwig. *Philosophische Untersuchungen*. Frankfurt am Mein: Suhrkamp, 2003, §§ 23, 30, 37, 43. Não é que a problemática esteja completamente ausente em sua reflexão (cf. id. *Teoria do método teológico*, cit., pp. 172ss). Mas está concentrada, para não dizer reduzida, ao terceiro momento (*applicatio fidei*) do método, como se os outros dois momentos (*auditus fidei* e *intellectus fidei*) prescindissem, teoricamente, da práxis.

[67] Cf. OLIVEIRA, Manfredo Araújo. *Sobre fundamentação*. Porto Alegre: EDIPUCRS, 1993, pp. 57-108.

[68] Cf. BOFF, *Teoria do método teológico*, cit., p. 122.

[69] SOBRINO, Jon. Teología en un mundo sufriente, cit., p. 72.

[70] Ibid.

[71] Cf. BOFF, Clodovis. *Teoria do método teológico*, cit., pp. 122s; Id. Retorno à arché da teologia, cit., pp. 175s.

teológico, um entre outros quefazeres cristãos, não tenha que dar prioridade ao que caracteriza a revelação e a fé cristãs: o amor".[72] Em quarto lugar, não é verdade que Sobrino substitua, em sua cristologia, a "fé apostólica transmitida pela Igreja" pelos pobres, como afirma a "notificação" romana – "de modo pertinente", segundo Boff. Por um lado, seguindo a Ellacuría, ele faz uma distinção entre as "fontes" (revelação de Deus) e o "lugar" (mundo dos pobres) da cristologia da libertação, ainda que não se trate de uma distinção estrita nem, menos ainda, excludente.[73] Por outro lado, distingue o "lugar eclesial" (Igreja concretizada na Igreja dos pobres) do "lugar social" (mundo dos pobres) da cristologia.[74] De modo que não se pode afirmar, de modo simplificador e deformador, que ele substitua a "fé apostólica transmitida pela Igreja" pelos pobres, como fazem a "notificação" romana e Clodovis Boff.

## A modo de conclusão

Nossa intenção aqui é contribuir, modestamente, com a discussão acerca do estatuto teórico da Teologia da Libertação. E, para isto, nada melhor que tomar como ponto de partida a compreensão e formulação daquele que mais se dedicou a essa problemática na América Latina: Clodovis Boff.

Cremos tratar-se de uma problemática vital e atual na TdL e, ademais, de uma problemática que, nem de longe, está resolvida. É verdade que as questões de método nem são as primeiras no quefazer teológico nem podem substituí-lo. Mas, nem por isso, podem ser indefinidamente postergadas nem muito menos preteridas. Mais cedo ou mais tarde precisam ser enfrentadas "a modo de justificação crítica, a modo de correção ou a modo de relançamento"[75] do quefazer teológico. Esse (re)enfrentamento parece-nos ser uma necessidade e um imperativo atuais na TdL.

---

[72] SOBRINO, op. cit., p. 73.
[73] Cf. id. *Jesucristo liberador*, cit., pp. 51ss.
[74] Ibid., pp. 60-72.
[75] ELLACURÍA, Ignacio. Hacia una fundamentación del método teológico latinoamericano. *Escritos Teológicos I*, cit., pp. 187-218, aqui p. 187.

# 4

# A teologia como *intellectus amoris*: a propósito de crítica de Clodovis Boff a Jon Sobrino[1]

As últimas discussões sobre o método da Teologia da Libertação (TdL) estão estreitamente vinculadas à crítica de Clodovis Boff à definição de Jon Sobrino da TdL como *intellectus amoris*. Embora no calor do debate a crítica tenha adquirido outras proporções e a discussão tenha tomado outros rumos, tem, aqui, parece-nos, seu ponto de partida e uma de suas objetivações privilegiadas. No fundo, estão em jogo duas concepções bem distintas do que-fazer teológico e, pressupostamente, do saber e do conhecimento humanos em geral.

Passado o calor inicial do debate que muitas vezes dificulta ou impede uma discussão teórica mais objetiva, parece-nos oportuno retomar com serenidade e rigor o núcleo da problemática, explicitando e confrontando criticamente ambas as posturas. É o que tentaremos fazer nesse capítulo, abordando o que consideramos o ponto de partida e uma das objetivações privilegiadas do núcleo do conflito: a crítica de Clodovis Boff à tese de Jon Sobrino da TdL como *intellectus amoris*.[2] Para isso, apresentaremos, em primeiro lugar, a tese de Sobrino; em segundo lugar, a crítica de C. Boff à tese de Sobrino; por fim, em terceiro lugar, discutiremos criticamente a crítica de C. Boff, explicitando o núcleo da problemática teórica.

---

[1] Publicado na *REB* 274 (2009) 388-415.

[2] Por mais que o conflito não possa ser reduzido a uma problemática teórica nem a crítica tenha se restringido à formulação de Sobrino, cremos que a divergência teórica é um elemento fundamental nesse conflito e que a crítica à tese de Sobrino constitui um lugar privilegiado para sua compreensão. Essa é a razão pela qual nos concentraremos, aqui, no aspecto estritamente teórico do conflito e em sua objetivação na crítica à tese de Sobrino, prescindindo, pelo menos direta e explicitamente, de outros aspectos do conflito e do desenrolar das discussões.

## Tese de Jon Sobrino

A tese da TdL como *intellectus amoris* foi apresentada num congresso de teologia organizado pela associação de professores de teologia dos Estados Unidos na Loyola Marymount University, Los Angeles, 26-29/03/1988. O congresso tinha como objetivo refletir sobre a teologia a partir de três características fundamentais do mundo atual: um mundo religiosamente plural, um mundo culturalmente diverso e um mundo sofredor. A Sobrino cabia precisamente a tarefa de abordar a problemática da "teologia em um mundo sofredor" e, neste contexto, formula e propõe a tese da TdL como *intellectus amoris*.[3]

Não vamos, aqui, reproduzir nem analisar minuciosamente a conferência de Sobrino. Para o nosso propósito, basta apresentar a estrutura argumentativa fundamental da reflexão que levou Sobrino a definir a TdL como *intellectus amoris* (A) e explicitar com rigor o que ele entende por e em que sentido fala de *intellectus amoris* (B).

A. Ele começa destacando o caráter de "sinal dos tempos" do mundo – no duplo sentido que essa expressão tem na Constituição Pastoral *Gaudium et Spes*: histórico-pastoral (GS 4) e histórico-teologal (GS 11) – e, consequentemente, a necessidade de "caracterizar o mais adequadamente possível a realidade do mundo atual" em vista tanto da "relevância" quanto da própria "identidade" da teologia (p. 47). O confrontar-se da teologia com o mundo não é algo periférico ou secundário, mas algo que atinge o núcleo ou a "substância" da teologia e, portanto, diz respeito à sua própria identidade. E não apenas por razões pastorais: "responsabilidade com o mundo e com Deus", mas também por razões estritamente teóricas: "configura o próprio quefazer teológico e lhe outorga uma finalidade específica" (p. 48).

Partindo dessa respectividade constitutiva da teologia com o mundo, Sobrino se confronta, a partir da TdL, tanto com a problemática da caracte-

---

[3] Cf. SOBRINO, Jon. Teología en un mundo sufriente. La teología de la liberación como "intellectus amoris". *El principio-misericordia*: Bajar de la cruz a los pueblos crucificados. Santander: Sal Terrae, 1992, pp. 47-80. A partir de agora, os números entre parênteses, sem outra indicação, remetem a páginas deste artigo.

rização da realidade do mundo atual quanto com a problemática da configuração da teologia e do próprio quefazer teológico por essa realidade (p. 48).

Por um lado, a TdL sempre considerou a "irrupção dos pobres" como o "fato maior", isto é, como "aquilo em que melhor se expressa hoje a realidade" (p. 49). Esta "irrupção dos pobres", diz Sobrino, "está na origem da TdL" (sentido cronológico) e constitui, ademais, um "princípio" fundamental dessa teologia (sentido estrutural):[4] algo que "continua atuante no processo da teologia, dirigindo seu pensar e motivando sua finalidade" (pp. 49s). Esse caráter de "princípio" da "irrupção dos pobres" na TdL tem a ver com "a noção mesma do que é fazer teologia segundo a teologia da libertação: "elevar a conceito teológico a realidade histórica tal como vai se manifestando em um processo e não apenas desenvolver conceitualmente as virtualidades de um fato ou texto do passado" (p. 50). Certamente, a determinação da "irrupção dos pobres" como "fato maior" para a TdL é "uma opção humana e crente" que funciona como "pré-compreensão para a teologia", mas uma opção "sumamente razoável" (p. 51). Não se deve esquecer que a teologia sempre "se confrontou muito centralmente com o momento negativo da existência humana e da história dos seres humanos, como já aparece na Escritura" (p. 51). E por uma razão muito fundamental: "a formalidade salvífica da mensagem cristã não acontece em um mundo neutro ou simplesmente limitado, mas em um mundo privado ativamente de salvação e submetido a algum tipo de escravidão – o antirreino contrário ao reino de Deus. Por isso, analisar a negatividade é essencial à teologia para que sua mensagem positiva tenha sentido" (p. 51). E ela sempre se confrontou muito centralmente com essa negatividade. "O que tem variado é a determinação de qual seja a negatividade mais central em um determinado momento [...]: a morte, o pecado, a culpa, o sem-sentido, a condenação eterna etc. Da mesma forma, o que a TdL faz é determinar qual é a negatividade fundamental hoje [...]: o sofri-

---

[4] Algo semelhante já havia dito Gutiérrez: "Na teologia da libertação há duas intuições centrais que foram as primeiras cronologicamente e que continuam constituindo a sua coluna vertebral. Estamos nos referindo ao método teológico e à perspectiva do pobre". Falando especificamente da segunda intuição, isto é, da "perspectiva do pobre", afirma: "Isso levou ao grande tema da pobreza e do pobre na Bíblia. A partir daí, o pobre aparecia como a chave para a compreensão do sentido da libertação e da revelação do Deus libertador" (GUTIÉRREZ, Gustavo. *A força histórica dos pobres*. Petrópolis: Vozes, 1981, pp. 293s).

mento massivo, cruel, injusto e durador produzido pela pobreza no Terceiro Mundo" (pp. 51s). Trata-se, portanto, de uma "opção", mas de uma opção "sumamente razoável", insiste. "Por sua massividade, por seu conteúdo e por sua base escriturística,[5] a TdL pode – e está convencida que deve – basear-se na irrupção dos povos oprimidos e crucificados hoje. Nada disso implica ignorar outras realidades e outras negatividades do mundo de hoje. O que, sim, implica é que sem atender a esse fato maior, a teologia se mutila quantitativamente e degenera qualitativamente, tanto desde um ponto de vista histórico-atual quanto bíblico-revelatório. E, positivamente, implica a possibilidade de organizar conceitualmente o todo da teologia. Este é o pressuposto de TdL" (p. 55). Um pressuposto que pode implicar e significar "uma mudança e uma conversão" (p. 63) e que funciona como "pré-compreensão para toda teologia – tanto para poder compreender os textos da Escritura quanto para compreender o texto da realidade de hoje"[6] (p. 57).

Por outro lado, "a irrupção dos pobres exige e possibilita uma nova pré-compreensão e uma conversão fundamental do quefazer teológico. E é, ademais, questionamento primário que exige uma resposta a todo quefazer humano e cristão, também ao teológico: há que erradicar o sofrimento dos pobres. Nesta resposta, a teologia vai se configurando como a inteligência do amor" (p. 65). Tal configuração implica, em primeiro lugar, "retrotrair o quefazer teológico à e compreendê-lo dentro da reação humana e cristã fundamental ante o sofrimento" (p. 67): "misericórdia", isto é, "reagir ante o sofrimento alheio [...] sem outra razão para isso que sua existência" (p.

---

[5] "A relação de Deus com os pobres deste mundo aparece como uma constante em sua revelação. Esta se mantém formalmente como resposta aos clamores dos pobres; e por isso, para conhecer a revelação de Deus é necessário conhecer a realidade dos pobres. Dito de outra forma: a relação Deus-pobres no Êxodo, nos profetas ou em Jesus não é apenas conjuntural e passageira, mas estrutural. Existe uma correlação transcendental entre revelação de Deus e clamor dos pobres e, por isto, embora a revelação de Deus não se reduza a responder ao clamor dos pobres, cremos que sem introduzir essencialmente essa resposta não se compreende a revelação" (p. 55).

[6] A razoabilidade desse pressuposto, diz Sobrino, não anula seu caráter opcional. "Não há nada fora da opção mesma que possa forçar a fazê-la. E, de fato, muitas teologias não fazem essa opção, mas determinam o fato maior de outra forma. Não cabe sequer apelar para a revelação, pois, com os mesmos textos da Escritura, algumas teologias determinaram o fato maior de uma forma e outras teologias de outra forma. O que ocorre, antes, é que, uma vez realizada a opção, descobre-se dentro do círculo hermenêutico essa opção na escritura" (p. 56).

66). A "misericórdia" tem, portanto, uma estrutura *re-acional* e um caráter de "primariedade e ultimidade" (p. 66). Ela constitui "algo central na revelação" (p. 66); aparece, aí, como "a reação correta ante o mundo sofredor" (p. 67). Na verdade, "o próprio Deus é descrito como quem é movido pela misericórdia", "Jesus faz milagres movido pela misericórdia" e "o homem verdadeiramente humano é o que atua movido pela misericórdia" (p. 66). De modo que se pode afirmar que "embora a misericórdia não seja o único, é absolutamente necessária na revelação (e, em último termo, veja-se Mt 25, absolutamente suficiente)"[7] (p. 67). Daí a consequência que tira Sobrino: se a misericórdia é algo tão essencial na revelação "tem que estar presente também na teologia". E tanto "como conteúdo que a teologia tem que esclarecer e propiciar" como "no próprio exercício do quefazer teológico, de modo que este seja expressão da misericórdia ante o mundo sofredor". Neste sentido, diz ele, "a teologia deve ser *intellectus misericordiae*" (p. 67). Situar o quefazer teológico "dentro da *re-ação* humana e cristã fundamental ante o sofrimento" – misericórdia – significa, em segundo lugar, conferir uma "finalidade práxica" à teologia e configurá-la em "seu próprio quefazer" pela práxis. De modo que "teoria e práxis, *intellectus* e misericórdia não podem ser concebidos como dimensões paralelas e, menos ainda, como dimensões estranhas uma à outra" (p. 67). A "interação" entre ambos dá-se de dois modos fundamentais. O primeiro modo "expressa a necessidade da práxis e seu aporte para a constituição do conhecimento teológico": "conhece-se melhor a realidade quando se opera sobre ela; conhece-se melhor o que é o reino de Deus quando se intenta construí-lo; conhece-se melhor o que é o pecado quando se intenta erradicá-lo". Recorrendo à formulação mais técnica de Ellacuría,[8] diz Sobrino: "conhece-se a realidade quando, além de *hacerse cargo de la realidad* (momento noético) e de *cargar con la realidad* (momento ético), alguém *se encarga de la realidad* (momento práxico)". O segundo modo "expressa o que a teoria deve ser para a práxis, o que o *intellectus* da teologia deve ser para o exercício da misericórdia": "a TdL se compreende a si mesma conscientemente como um *intellectus* cuja finalida-

---

[7] Cf. SOBRINO, Jon. La Iglesia samaritana y el principio-misericordia, op. cit., pp. 31-45, aqui pp. 32-38.

[8] Cf. ELLACURÍA, Ignacio. Hacia una fundamentación del método teológico latinoamericano. *Escritos Teológicos I*. San Salvador: UCA, 2000, pp. 187-218, aqui p. 208.

de direta é informar e configurar uma práxis" (p. 68). Recorrendo uma vez mais à formulação de Ellacuría,[9] diz Sobrino: "a teologia é o momento ideológico da práxis eclesial e histórica, o elemento consciente e reflexo dessa práxis" (p. 69). Por tudo isso, afirma, "a TdL, mesmo quando se reconhece como um quefazer especificamente intelectual e, enquanto tal, autônomo, não se concebe como algo absolutamente autônomo com respeito ao quefazer fundamental humano e cristão", mas como "um quefazer intelectual que ilumina, inspira e propicia o quefazer fundamental humano e cristão". Sua finalidade "direta" e imediata (*en directo*) é "a erradicação do mundo sofredor e a construção do reino de Deus". Ela "não se reduz ao avanço do *logos* teológico, do *logos* do magistério etc., mesmo quando o tenha em conta e o propicie também" (p. 69). Para Sobrino, essa "finalidade" práxica é "uma constante em todas as teologias da libertação existentes na América Latina, mesmo que suas ênfases possam ser diversas": *libertação da teologia* (J. L. Segundo) ou *teologia da libertação* (G. Gutiérrez, L. Boff, I. Ellacuría). De uma forma ou de outra, diz ele, "a finalidade da TdL é a libertação de um mundo sofredor e sua transformação no reino de Deus". Essa é a razão última pela qual a TdL se concebe a si mesma "como o *intellectus* de uma práxis; [...] *intellectus* de uma misericórdia primordial adequada ao sofrimento do mundo" (p. 69). E é essa mesma razão que leva a TdL a reformular "seu conteúdo fundamental como o 'reino de Deus'", introduzindo "a práxis na compreensão de ambas as magnitudes dessa unidade dual, reino e Deus" (p. 69). Por fim, afirma Sobrino, com certa ambiguidade e em prejuízo da compreensão de teologia desenvolvida, que a "raiz última" do "talante práxico" da TdL está "nas duas opções antes explicitadas: a determinação do mundo sofredor como fato maior e a misericórdia como reação primária ante ele" e *não* "numa compreensão teórica *a priori* do que seja a teologia em si" (p. 70) ou no fato de comungar com "uma determinada corrente epistemológica que unifica ambas as dimensões [teoria e práxis], embora a conheça e tire proveito dela"[10] (p. 67).

---

[9] Cf. id. La teología como momento ideológico de la praxis eclesial, op. cit., pp. 163-185, aqui p. 171.

[10] Certamente, o ser *intellectus amoris* ou *intellectus misericordiae* que caracteriza e define a TdL depende, em última instância, destas duas opções: "a determinação do mundo sofredor como fato maior e a misericórdia como reação primária ante ele". Mas o que distingue a TdL de

B. Depois de explicitar a estrutura argumentativa fundamental da reflexão que levou Sobrino a definir a TdL como *intellectus amoris*, convém explicitar com rigor a "estrutura formal da teologia como *intellectus amoris*" frente à "compreensão tradicional da teologia como *intellectus fidei*" (p. 71). Aqui reside, para Sobrino, "a maior novidade da TdL" (pp. 71, 49), inclusive do ponto de vista estritamente teórico (pp. 74, 80).

Na verdade, a fé cristã sempre se compreendeu a si mesma como "algo do que é preciso dar razão" e como "algo do que se pode dar razão". Além do mais, "na medida em que foram surgindo confrontações internas e com outras religiões circundantes fez-se necessário algum tipo de argumentação para mostrar que há verdade na fé e qual das interpretações concretas é a verdadeira". De modo que a fé cristã sempre foi acompanhada de "um *logos* explicativo, argumentativo, apologético, alguma forma do que hoje chamamos teologia" (p. 71).

O problema surge, diz Sobrino, a partir de Agostinho, com a redução da teologia a um logos explicativo, argumentativo e apologético. No contexto das heresias trinitárias, diz ele, "Agostinho assume que a formulação trinitária correta já é coisa adquirida" (p. 71), cabendo, assim, à teologia a tarefa de "aprofundamento no entendimento dos conteúdos da fé" (p. 72). Desde então, a teologia vem sendo compreendida, fundamentalmente, como *intellectus fidei*, isto é, como "compreensão e aprofundamento intelectual da fé". Mais. "Concentrou-se nisso e reduziu-se nisso: explicar e aprofundar intelectualmente os conteúdos da fé e, na teologia mais moderna, o sentido desses conteúdos" (p. 72).

Para Sobrino, "não há nada que opor a que esta seja tarefa da teologia e que a teologia possa ser entendida dessa forma". Pelo contrário. É ne-

---

outras teologias não é, sem mais, o "talante práxico", como se as outras teologias não fossem *intellectus* de uma práxis. Todo *intellectus* é *intellectus* de uma práxis, seja qual for. Consciente ou inconscientemente. Esse é um pressuposto epistemológico fundamental da TdL (quase nunca explicitado e justificado) e uma de suas divergências teóricas fundamentais com a tradição teológica ocidental, marcadamente idealista e intelectualista. De modo que, a explicitação e justificação da especificidade da TdL (*intellectus amoris*) não pode se dar às custas do enfraquecimento (*certa contraposição* entre "talante práxico" e "compreensão teórica") de um de seus pressupostos epistemológicos fundamentais: o caráter práxico da atividade intelectiva, a que se referia o próprio Sobrino (pp. 68s).

cessário que "se esclareçam os conteúdos da fé e que se aprofunde em sua verdade e em seu sentido". No entanto, insiste,

> o que é preciso acrescentar é que não é tão evidente que a teologia tenha que ser só isso nem que tenha que ser principalmente isso, ou seja, não é tão evidente que a teologia tenha que ser primariamente *intellectus fidei* (p. 72).

E por uma razão muito fundamental:

> a revelação de Deus não consiste formalmente na comunicação de verdades plurais acerca de si mesmo, mas na doação de sua própria realidade. E, correlativamente, a resposta a essa revelação não consiste primariamente na aceitação de verdades – e sua compreensão e seu aprofundamento ulteriores – mas na acolhida real desse Deus e de forma bem precisa: deixando-se configurar por Deus [...] realizando a vontade de Deus (pp. 72s).

Há, portanto, um primado da *realidade* (da revelação de Deus e da resposta a essa revelação) sobre o *saber* (dessa revelação e dessa resposta): o "encontro entre Deus e os seres humanos" é, "antes de tudo, coisa real e não, primariamente, um saber acerca desse encontro". Dito com outras palavras: "o primário não é dizer 'Senhor, Senhor', mas fazer a vontade do Pai" (p. 73). Ora, conclui Sobrino,

> se tudo isso é assim na revelação e na vivência real da fé, não se vê porque a teologia tenha que se compreender apenas como *intellectus fidei* nem, menos ainda, reduzir-se a ele. Não se vê porque o quefazer teológico, um entre os quefazeres cristãos, não tenha que dar prioridade ao que caracteriza a revelação e a fé cristãs: o amor (p. 73).

Neste contexto, ele propõe que a teologia, enquanto *intellectus*, seja compreendida a partir da tríade "fé-esperança-amor" e que, dentro dessa tríade, "dê prioridade ao amor" (p. 73). De modo que

> a teologia deve incorporar em seu quefazer o que há de verdade em Deus e o que há de possibilidade e necessidade de conhecer essa verdade nos

seres humanos; o que há de promessa em Deus e o que há de esperança nos seres humanos; mas, sobretudo, o que há de amor em Deus e o que há de possibilidade e necessidade de realizar o amor nos seres humanos, como o mais alto nível de realização de sua essência e de sua salvação (pp. 73s).

E, assim, ela vai se configurando como *fides quaerens intellectum* ("um pensar para conhecer mais"), como *spes quaerens intellectum* ("um pensar para esperar melhor") e, sobretudo, como *amor quaerens intellectus* ("um pensar para erradicar o sofrimento e transformá-lo em gozo, para erradicar a morte e promover a vida"). Não apenas "um pensar transido de admiração e de esperança", mas também "um pensar transido de sofrimento e de misericórdia" (p. 74).

Compreender a teologia como *intellectus amoris* é, para Sobrino, "a consequência última [...] de tomar em sério o mundo sofredor, os povos crucificados do Terceiro Mundo como fato maior", ao mesmo tempo em que consiste na "maior novidade teórica da TdL no que diz respeito ao próprio quefazer teológico" (p. 74). Dessa forma, "a teologia se torna mais bíblica e mais relevante historicamente" (pp. 74s). O fato de "ter dado primazia ao *intellectus fidei*", diz ele, "distanciou a teologia de suas raízes bíblicas e a encaminhou para a irrelevância e alienação históricas, com males para a realidade do mundo sofredor e para a própria teologia" (p. 75). Por um lado,

> seja qual for a intenção das teologias do passado (e do presente), o concentrar-se e reduzir-se a explicar e aprofundar os conteúdos da fé e seu sentido tenderam a abandonar o mundo à sua miséria, com o agravante de que a teologia pôde responder a essa acusação em virtude de sua própria identidade, como se a tarefa humana e cristã de construir o reino de Deus não a afetasse diretamente, mas, no máximo, indiretamente (p. 75).

Por outro lado, isso

> significou um mal para a própria teologia, pelo divórcio gerado entre o que é a revelação de Deus e o que ela exige fundamentalmente (o amor) e aquilo do que se ocupa formalmente a teologia (explicação, aprofundamento de verdades).

E, conclui:

> se muitos lamentam hoje, com razão, o divórcio entre teologia racional e teologia espiritual, haverá que se lamentar, com mais razão, o divórcio entre teologia racional e teologia amorosa, misericordiosa. Cremos que isso é o que está em jogo ao definir a teologia como *intellectus amoris*: sua relevância histórica e sua identidade cristã (p. 75).

No entanto, insiste, "uma teologia que se compreende a si mesma como *intellectus amoris* não tem por que ignorar o *intellectus fidei* [...] nem tem por que reduzir [...] essas verdades, mas [deve] tratá-las em sua totalidade". E, de fato, "tudo isso é admitido e, em princípio, propiciado pela TdL" (p. 75). Quanto ao primeiro ponto, afirma Sobrino:

> É claro que a TdL deseja aprofundar no entendimento da fé e no mais central dessa fé: Deus e o reino de Deus. O faz pelo valor que tem em si mesmo para a fé; mas, ademais, desde sua perspectiva própria, porque a verdade desses conteúdos propicia a melhor prática do amor (p. 75).

Quanto ao segundo ponto, afirma:

> a TdL pretende elaborar a totalidade da mensagem da fé, sem se reduzir apenas ao amor, à misericórdia, à justiça etc. Mais ainda. Pensa, desde sua perspectiva própria, que responder a um mundo sofredor pode organizar e hierarquizar melhor a totalidade da mensagem (p. 76).

De modo que

> a postura da TdL, ante o *intellectus fidei* é clara por princípio. Quais sejam seus logros nesse campo é coisa a verificar; mas não se pode negar seu interesse por acumular conhecimentos dogmáticos, exegéticos, históricos, teológicos, filosóficos, das ciências sociais etc. para entender e aprofundar melhor as verdades da fé (p. 76).

Sobrino conclui sua reflexão destacando dois aspectos da forma como a prioridade dada ao *intellectus amoris* configura o *intellectus fidei*. Em primeiro lugar, como *mistagogia*, que não se reduz à compreensão de textos.

Mistagogia não é o mesmo que esclarecimento teórico, mas traz consigo uma iluminação que é originada pelo contato com a realidade mesma do mistério. Sem mistagogia, aquilo que se quer esclarecer fica sempre na penumbra (p. 78).

Pois bem, diz ele,

uma teologia que se concebe como *intellectus amoris* intenta ser mistagógica; oferece o caminho do amor como o caminho primário da mistagogia, em último termo, porque o amor é aquilo que nos faz afins a Deus e, a partir dessa afinidade, decide-se se tem ou não sentido a afirmação de Deus. O mistério de Deus irá se esclarecendo ou se obscurecendo [assim] a partir de dentro, não a partir da pura exterioridade de textos sobre Deus[11] (p. 78).

Em segundo lugar, como *intellectus gratiae*, intelecção do que há de bom e gracioso no mundo dos pobres:

com os pobres irrompeu uma luz que capacita a conhecer melhor a verdade [...]; uma esperança de libertação e de vida em plenitude [...]; uma força para a conversão e umas realidades e valores evangélicos (p. 78).

Uma teologia que se baseia na irrupção dos pobres "deve assumir ativamente em seu próprio quefazer a dimensão de gratuidade"; deve constituir-se como *intellectus gratiae* (p. 79). Isso é uma advertência importante para o *intellectus fidei*: "o que deve esclarecer não é apenas algo consignado como verdadeiro e agora retido, mas algo formalmente dado gratuitamente"[12] (p. 79).

---

[11] "O esclarecer a verdade da fé e o aceitar a verdade da fé realizam-se (aqui) simultaneamente e não em dois estágios logicamente separados; dentro da prática do amor, a verdade da fé é esclarecida de forma mais cristã, pois, neste caso, a fé se converte em vitória (João), contra a tentação de abandoná-la, e a esperança é contra a esperança (Paulo), contra a tentação da desesperança" (pp. 77s).

[12] "Levar a sério ambas as coisas (*intellectus amoris* e *intellctus gratiae*) é uma forma de mostrar como a teologia responde à totalidade da revelação e da fé. É também uma forma de evitar o que a nosso juízo seria o reducionismo fundamental: uma prática do amor sem gratuidade ou uma gratuidade sem prática do amor. É uma forma de unificar a afinidade de Deus e a alteridade de Deus. Por último, é uma forma de unificar o transcendente e o histórico" (p. 79).

# Crítica de Clodovis Boff à tese de Jon Sobrino

Embora a crítica de Clodovis Boff à tese de Jon Sobrino da TdL como *intellectus amoris* seja uma crítica radical, ou seja, não apenas discute um aspecto da tese ou mesmo sua formulação, mas põe em questão a tese enquanto tal, ela ocupa um lugar marginal ou periférico (pelo menos quantitativamente) em seus escritos sobre método teológico. Na verdade, C. Boff não fez nenhum estudo mais detalhado nem estabeleceu nenhuma discussão mais consequente e exaustiva da tese de Sobrino. A crítica aparece em dois escritos, a modo de contraste, em função da determinação e, sobretudo, de *sua* formulação do fundamento último da teologia. Aqui, interessa-nos, simplesmente, contextualizar e apresentar ambas as formulações da crítica.

1. A primeira formulação da crítica aparece em 1998 (10 anos depois da publicação do artigo de Sobrino) em seu livro *Teoria do método teológico*.[13] O livro está dividido em duas grandes partes: questões nucleares e questões complementares. A primeira parte está dividida em três seções: fundamentos, processos e articulações da teologia. A crítica está formulada precisamente no cap. 5 da primeira seção, que tem como título "a fé-palavra: fonte primeira e decisiva da teologia".

C. Boff parte da afirmação de que a "fé" ("princípio subjetivo") e, em última instância, a "revelação" ("princípio objetivo"), tomadas em sua unidade de "fé-revelada", constituem o "princípio formal" da teologia (pp. 110ss). Reconhece que a fé é "um só ato sintético, rico de múltiplas determinações" (experiência, palavra, prática), mas afirma que, em se tratando de teoria teológica, seu "princípio inteligível" reside na "fé-palavra":

> quando se afirma que a fé é o princípio determinante da teologia, por fé aqui se entende a fé-palavra. Por outras, é a fé positiva ou dogmática, a *fides quae*. Em outras palavras ainda, trata-se da Tradição apostólica, condensada no Credo[14] (p. 111).

---

[13] BOFF, Clodovis. *Teoria do método teológico*. Petrópolis: Vozes, 1998, pp. 122s. A partir de agora, os números entre parênteses, sem outra indicação, remetem a páginas desta obra.

[14] "Fique bem claro que estamos falando especificamente do discurso da fé (teologia), não da vida de fé em geral. Claro que, para esta última, o critério decisivo é o amor (cf. Mt 25,31-46; Gl 5,6). Mas convém aqui não confundir a ordem da existência com a ordem da inteligência, a sa-

Reconhece, inclusive, que "o princípio formal ou determinante da teologia – a *fides quae* – não tem por conteúdo uma doutrina abstrata, um conjunto de verdades especulativas", mas "uma história: a história da salvação" e que, por isso mesmo, "a fé cristã é mais testemunhada (como fato) do que ensinada (como doutrina)". A fé cristã "não é simplesmente fruto de intuição ou especulação, mas evento salvador, experienciado e anunciado" (p. 115). Não sem razão, "a forma literária que assume a Palavra de Deus é a da narrativa" que, dado seu caráter "paradigmático", funciona como "meta-narrativa" (p. 116). No entanto, diz C. Boff,

> essa história é história que carrega uma significação muito particular: é história da salvação. Daí que se trata de uma história sempre interpretada, isto é, acompanhada de palavras que lhe revelam o sentido salvífico (p. 116).

É o "sentido salvífico" que torna essa história "suscetível de ser teologizada".[15] Na verdade, afirma: "a história da salvação como puro e simples processo objetivo não é em si mesma teologizável. Só é teologizável a partir e em base à sua narrativa 'mítica', melhor dizendo, em base a seu relato profético ou 'pístico'" (p. 116) – "interpretação [ou teologia] originária" que funciona "princípio da teologia". Afinal, e aqui aparece uma afirmação epistemológica *chave* e *decisiva* para a compreensão de sua postura teórica, "só a teoria gera teoria, não a prática"[16] (p. 117).

---

ber, não misturemos analiticamente a vida com o pensamento e o amor com o discurso. Ora, na matéria que estamos tratando – epistemologia – nos situamos no nível do pensamento. E aqui o que conta é a fé certa, não a fé vivida, embora aquela esteja sempre a serviço desta, como a teologia está em função da vida cristã" (p. 112).

[15] Embora Boff afirme que "na Bíblia, o agente da ação libertadora na história e o portador da palavra profética vão sempre lado a lado" e que "a história da salvação é a história mais sua significação salvífica" (p. 116), parece reduzir a *salvação* à esfera do sentido ou da significação e a *teologia* à interpretação ou decodificação desse sentido.

[16] "A Bíblia inaugura a teologia, desenvolvendo, a partir de seu núcleo narrativo, um primeiro ensaio de elaboração doutrinal" que funciona como "teologia originante" ou "princípio de teologia" (p. 117). O que não fica claro, aqui, é até que ponto essa "teologia originante" é relato, narração, interpretação, decodificação, palavra etc. do evento (práxis) salvífico enquanto tal, em sua objetividade, ou, simplesmente, relato de relato, narração de narração, interpretação de interpretação, decodificação de decodificação, palavra de palavra. Afinal, se "*só* a teoria gera teoria" (grifo nosso), a "teologia originante" da "narrativa bíblica" deve ser teoria de outra

Neste contexto, Clodovis Boff se confronta com o que considera "interpretações problemáticas" do "ponto de partida formal da teologia": fé-experiência (pp. 119s), fé-práxis (pp. 120ss) e a "epistemologia do amor" do Jon Sobrino (pp. 122s).

Para C. Boff, a redefinição da teologia como *intellectus amoris*, proposta por Sobrino, é "problemática, pelo menos como vem colocada". É que, segundo ele, essa proposta

> pretende substituir a clássica, a da teologia como *intellectus fidei*, o que não pode ser. Pois o *intellectus amoris* supõe e só pode supor o *intellectus fidei*. E é dentro dele que deve se situar, a título de uma sua especificação ou destaque (p. 122).

É necessário discernir, aqui, diz C. Boff, de que amor se fala: "corresponde ao 'agape' do NT? É animado por ele?" (p. 122). Não se trata, evidentemente, de "contrapor fé e amor". Afinal, "fé aqui significa a Revelação de Deus" e esta "reporta antes de tudo o amor de Deus pelo seu povo". Mas em se tratando do ponto de partida formal da teologia, é preciso deixar bem claro: "se *intellectus amoris* há, não se trata em primeiro lugar do nosso amor, mas do amor de Deus mesmo. É o que a Palavra da fé testemunha". E esse é "o princípio formal da teologia, de toda teologia" (p. 123).

Certamente, pondera,

> é epistemologicamente sustentável [...] pensar a fé a partir da práxis do amor, refletir o evangelho a partir da libertação, considerar Deus a partir do pobre. Mas já não é sustentável priorizar esse momento, sem cair na "visão do sapo": ver o mundo de Deus, que é infinito, do fundo do poço da realidade humana, que é sempre finita.

Não é, portanto, diz ele, "o *intellectus fidei* que cabe dentro do *intellectus liberationis*, mas antes é justamente o contrário que é o correto: a

---

teoria (mais originante ainda) e não do evento (práxis) salvífico, uma vez que a "prática não gera teoria". É o problema da "relação" teoria-práxis. A nosso ver, um dos, senão o problema epistemológico mais crucial e nunca resolvido na teologia de C. Boff.

libertação é uma dimensão da fé e esta é o horizonte maior da libertação". Noutras palavras:

> pensar Deus a partir do pobre é possível e necessário [...]. Mas isso apenas como momento segundo de uma dialética maior, cujo primeiro momento, e momento dominante, é pensar o pobre a partir de Deus, como toda tradição teológica sustentou [...]. Portanto, partir dos pobres, sim, mas partindo de Deus (p. 123).

Concluindo, afirma: "a teologia é sem dúvida *intellectus amoris*, mas sempre a partir e no vigor do *intellectus fidei*, que detém sempre o primado epistemológico (não naturalmente vivencial)" (p. 123).

2. A segunda formulação da crítica aparece na conferência *Teologia e Teologias: Método*, proferida no Congresso da Sociedade de Teologia e Ciência da Religião (SOTER), Belo Horizonte, 24-28/07/2000, publicada, posteriormente com o título *Retorno à arché da teologia*.[17]

Dentro do "vasto campo da epistemologia teológica", C. Boff se ocupa, aqui, com "um ponto" que, a seu ver, é "absolutamente fundamental" para o quefazer teológico: "a fé como fonte ou *arché* da teologia". Tão fundamental que chega a afirmar: "se a expressão não parecesse ao mesmo tempo banal, facilitona e até carola, diria simplesmente que o problema da teologia hoje e sempre é a 'falta de fé'" (p. 145).

A reflexão está estruturada em duas partes. A primeira parte aprofunda a tese de que "a *arché* da teologia é a fé" e a segunda parte confronta essa posição com o que ele considera "os dois maiores problemas de hoje": a questão da "exclusão" e a questão do "sentido" (p. 146). Aqui, concentrar-nos-emos na explicitação da tese fundamental e em sua confrontação com a questão da exclusão, particularmente no tocante à crítica à tese de Sobrino da teologia como *intellectus amoris*.

---

[17] Id. Retorno à *arché* da teologia. In: SUSIN, Luiz Carlos (org.). *Sarça ardente*. Teologia na América Latina: prospectivas. São Paulo: Paulinas, 2000, pp. 145-187. A partir de agora, os números entre parênteses, sem outra indicação, remetem a páginas desta obra.

Ele começa explicitando os termos fundamentais da tese, ou seja, em que sentido fala da "fé" e o que entende por "princípio". No que diz respeito à "fé" como "princípio da teologia", afirma:

> refiro-me precisamente à *fides quae*, à fé positiva ou dogmática.[18] Não penso logo na *fides qua*, como experiência de encontro com Deus. A fé subjetiva não é, a rigor, princípio da teologia, porém mais precisamente sua *condição* de base, uma *conditio sine qua non*, enquanto permite o acesso à fé objetiva (pp.148s).

No que diz respeito ao conceito "princípio", ele é tomado como "equivalente ao *fundamentum* dos latinos e, melhor ainda, à *arché* dos gregos" (p. 149). Tem, basicamente, dois sentidos conexos: *origem*, início, começo (p. 149) e *comando*, autoridade, poder (p. 150). "Dizer que a fé [positiva] é a *arché* da teologia é dizer que: 1) a teologia *arranca* da fé como de seu princípio dinâmico; 2) a teologia permanece *enraizada* na fé, ancorada nela" (p. 150).

Em seguida, mostra como a fé [positiva] é determinante do método teológico: "como *arché*, ao mesmo tempo inaugural e constitutiva da Teologia, a fé determina o método teológico, como modo próprio de acesso a seu objeto específico" (p. 155). Recorrendo a Heidegger – "o modo de acesso a uma esfera do ente depende do modo de sua manifestação" (p. 154) – e a Aristóteles – "o método é definido pela natureza de seu objeto" (p. 155) –, insiste, com Guardini, "na primazia do objeto teórico sobre o sujeito epistêmico" (p. 155): "dizer que a fé objetiva [...] determina o método teológico é reconhecer que a fé é grávida de seu próprio método; que ela contém em si mesma sua metodologia" (p. 156). Sem dúvida, afirma, é preciso "reconhecer uma dialética" entre a fé e o método: "a fé determina o método" e o "método contribui para definir melhor a fé". No entanto, adverte, trata-se, aqui, de uma "dialética com pólo dominante" (p. 156).

Por fim, destaca quatro consequências epistemológicas da afirmação de que "a fé é a *arché* da teologia" – consequências que considera particularmente relevantes na atualidade: o saber teológico é o saber de uma

---

[18] "O *início* temporal da teologia está na positividade empírica dos enunciados da fé" (p. 153).

inteligência convertida[19] (pp. 157-159); o apofatismo do saber teológico[20] (pp. 160-164); a dimensão espiritual do saber teológico[21] (165s); a fonte da unidade e da pluralidade da teologia[22] (pp. 166-173).

Depois de desenvolver, na primeira parte, a tese fundamental, explicitando os termos da questão, o modo de sua determinação do método teológico e algumas de suas consequências epistemológicas, C. Boff se confronta, na segunda parte, com o que considera "as duas questões maiores de nosso tempo": a exclusão e o sentido (p. 173).

No que diz respeito à "questão da exclusão", ele quer "mostrar aqui como a refontização – exigência perene e intrínseca de toda teologia – é hoje *urgida* pela questão social da exclusão e pela 'opção pelos pobres' que ela demanda" (p. 173). E o faz a partir de três teses fundamentais: 1. "A fé, como *arché*, é o fundamento último, não só da teologia em geral, mas, em particular, da *'opção pelos pobres'* e, por aí, da TdL" (p. 173); 2. "A fé, como *arché*, põe também o modo correto de relacionar *fé e política*" (p. 174); 3. "Enfim, a fé, como *arché*, permite redefinir o *estatuto epistemológico* da TdL" (p. 174). Aqui, interessa-nos, simplesmente, a primeira tese, pela crítica que faz aí à tese de Sobrino da TdL como *intellectus amoris*.

C. Boff parte da afirmação de que "a 'experiência de Deus no pobre' está nos fundamentos da TdL e de seu método", mas adverte que "é preciso observar que esta é uma opção eminentemente teocêntrica". Isto significa que

---

[19] "Na base da teologia há uma *metanoia*, uma *conversio morum*. É só em seguida que esta se reflete em forma de "conversão noética". Quero dizer: é a vida nova da graça que confere uma nova inteligibilidade, à altura da Realidade que a pessoa experimenta e vive" (p. 157).

[20] "De fato, a palavra teológica se dá entre dois silêncios: o silêncio da escuta e da adoração e o silêncio do amor e do serviço [...]. Efetivamente, a fonte da teologia não é discurso, mas *visão*, não é descoberta teórica (por via do estudo), mas *revelação* (por via da graça), não é verbo apofântico ou enunciativo, mas *experiência* originária" (p. 160).

[21] "A Teologia, porque radicada na experiência da fé, é um saber radical e integralmente espiritual. Sendo sua raiz o *Mysterium revelatum*, ela é essencialmente mística" (p. 165).

[22] "O ponto central em que todas as teologias se encontram – como o eixo em que convergem todos os raios de uma roda – é seu *principium*: Deus e sua manifestação" (p. 166). "A partir dessa unidade de princípio ou 'unidade arcaica', abre-se o imenso leque das teologias de hoje. E assim chegamos à pluralidade das teologias" (p. 167).

o pobre, a partir do qual a TdL busca ver tudo, é ele mesmo visto a partir de Deus, de Cristo, do Espírito, de Maria etc. Por outras, a opção pelos pobres que *funda* a TdL é ela mesma *fundada* nas bases da fé [positiva], dando-se assim uma espécie de *reductio ad principium*. Donde se vê que a opção pelos pobres é mais fundada que fundante. E só é fundante num nível ulterior, isto é, num discurso que se poderia chamar, por razões rigorosamente epistemológicas, de "teologia de segunda ordem" (p. 174),

uma teologia que "descansa sobre um discurso teológico anterior, mais fundamental, de que a 'teologia clássica' é a expressão histórica"[23] (p. 175).

Partindo dessa compreensão e articulação hierarquizada de perspectivas – fé positiva e pobre; teologia clássica (T1, Momento 1) e TdL (T2, Momento 2) –, diz C. Boff: "vejo de modo crítico a proposta epistemológica de Jon Sobrino de pôr como *arché* da Teologia o 'princípio misericórdia'. Para mim, esse princípio vale como 'princípio de segunda ordem', pertinente para o Momento 2 do processo teológico integral, momento no qual a Teologia se confronta com a história" (p. 175).

No entanto, pondera,

se se entende o *intellectus amoris* do ponto de vista estritamente teologal (amor de Deus), e não simplesmente do ponto de vista antropológico (nosso amor), então estou de acordo: é possível colocá-lo como fundamento absoluto da teologia como tal. Mas, nesse caso, o *intellectus amoris* coincide de fato com o *intellectus fidei*, enquanto *intellectus amoris Dei*[24] (pp. 175s).

---

[23] "Sendo assim, querer 'fazer TdL' sem saber 'fazer Teologia' sem mais é como querer 'fazer álgebra' sem saber 'fazer cálculo'" (p. 175). C. Boff retoma, aqui, sua concepção básica da TdL (desde sua tese doutoral!) como uma teologia do político ou das questões sociolibertadoras. Noutras palavras, uma espécie de mediação entre a "teologia clássica" e os temas de cunho mais social, político etc. e não "uma maneira nova" de fazer teologia em sua totalidade. Para uma visão de conjunto mais sistemática e detalhada da concepção de C. Boff sobre a TdL e seu método, cf. AQUINO JÚNIOR, Francisco. Clodovis Boff e o método da TdL: uma aproximação crítica. *REB* 271 [2008] 597-613).

[24] Há, aqui, um reducionismo do *intellectus amoris Dei* ao *intellectus fidei*, ou seja, uma redução intelectualista do amor de Deus (antes de tudo, práxis amorosa) à sua formulação positiva ou dogmática (teoria). Inteligir o "amor de Deus" – enquanto princípio, fundamento ou *arché* da

Agora, continua,

> se o *intellectus amoris* se refere a nós – e parece ser esse o sentido *prima facie* em Sobrino – então é preciso dizer que esse *intellectus* só pode se apoiar no clássico *intellectus fidei*, quando nada porque o amor agápico ou qualquer nome que tiver, como "misericórdia" ou a "justiça", é uma categoria rigorosamente "pística". E se não é "pística", ganha pertinência teológica apenas à luz da *pistis* (p. 176).

Como no artigo anterior, C. Boff reconhece, aqui, que há "um inescapável processo dialético", mas, insiste, "nessa dialética, o movimento da fé [positiva] em direção ao ágape leva a dianteira sobre o movimento oposto, a saber, do ágape para a fé [positiva]". Isto, é claro, diz ele, em se tratando da teologia e não da vivência da fé:

> não me refiro aqui à ordem do *fazer*, ético ou pastoral que seja, ordem em que a ortopráxis tem naturalmente a primazia, mas precisamente à ordem do *saber* estritamente teológico, em que a ortodoxia logicamente comanda (p. 176).

Uma das vantagens dessa articulação entre o *intellectus fidei* e o *intellectus amoris*, diz C. Boff, é "que a 'opção pelos pobres' ou o compromisso de libertação não se agrega de fora à fé, mas *flui* de sua fonte mais profunda, a saber, do *coração* mesmo do Mistério de Deus"[25] (p. 176). De modo que "se a 'opção pelos pobres' não é, a rigor, a *essência* da fé – a qual consiste

---

teologia – não é, sem mais nem mesmo em última instância, inteligir as formulações positivas desse amor. Aliás, estas pressupõem sempre, de alguma forma, aquele, enquanto sua formulação teórica (formulação *de*).

[25] Mas, nesse caso, a fé não pode ser tomada sem mais como "fé positiva ou dogmática", afinal ela não é a fonte última da teologia, como afirma o próprio C. Boff, seguindo a Tomás de Aquino (*ST* II-II, q.1, a.2, ad.2): "certamente, o *início* temporal da teologia está na positividade empírica dos enunciados da fé. Suas *origens*, porém, afundam nas 'trevas luminosas' do Mistério divino" (p. 153). Aqui, de duas, uma: ou o *intellectus fidei* que fundamenta o *intellectus amoris* não se identifica com a intelecção da positividade da fé, como entende Boff, ou ele não pode ser o fundamento último da opção pelos pobres ou do compromisso de libertação, como propõe o mesmo Boff.

precisamente na 'opção por Cristo' –, é certamente sua *decorrência* lógica ou sua *consequência* necessária"[26] (p. 177).

## Crítica à crítica de Clodovis Boff

Depois de termos apresentado a tese de Jon Sobrino e a crítica de Clodovis Boff a esta tese, queremos, agora, confrontarmo-nos criticamente com a crítica de Clodovis Boff, por um lado, fazendo algumas correções à sua interpretação da tese de Sobrino da TdL como *intellectus amoris* e, por outro lado, explicitando o que consideramos os pressupostos epistemológicos fundamentais tanto da tese de Jon Sobrino quanto da crítica de Clodovis Boff a essa tese.

### *Correções à interpretação de Clodovis Boff da tese de Jon Sobrino*

Antes de tudo, é preciso fazer algumas correções à interpretação que Clodovis Boff faz da tese de Jon Sobrino da TdL como *intellectus amoris*. Na verdade, as duas razões explicitamente apresentadas contra a tese de Sobrino são resultado de uma interpretação equivocada e deturpadora dessa proposta, que acaba distorcendo a tese em função da crítica e, mesmo, afirmando o contrário do que diz a tese, como veremos.

Em primeiro lugar, não é verdade que a tese de Sobrino da teologia como *intellectus amoris* "pretende substituir" a tese clássica da teologia como *intellectus fidei*, como afirma C. Boff.[27] Conforme vimos na primeira parte desse trabalho, Sobrino reconhece que "desde o começo, a fé sempre foi acompanhada de um *logos* explicativo, argumentativo, apologético";[28] afirma explicitamente que "não há nada que opor a que esta seja tarefa da

---

[26] A conclusão aqui parece não corresponder bem às premissas: se a opção pelos pobres ou o compromisso de libertação *"flui* do coração mesmo do Mistério de Deus" (p. 176) e se a "essência da fé" consiste na "opção por Cristo" (p. 177), a opção pelos pobres é *constitutiva* da fé (pertence à essência da fé – "Mistério de Deus") e não meramente decorrente ou consequente, como propõe C. Boff.

[27] BOFF, *Teoria do método teológico*, cit., p. 122.

[28] SOBRINO, Jon. Teología en un mundo sufriente. La teología de la liberación como "intellectus amoris", op. cit., p. 71.

teologia e que esta possa ser entendida dessa forma e, por suposto, não há nada que opor, mas muito que apoiar, a que se esclareçam os conteúdos da fé e que se aprofunde em sua verdade e em seu sentido";[29] que "uma teologia que se compreende a si mesma como *intellectus amoris* não tem porque ignorar o *intellectus fidei* [...] nem tem por que reduzir [...] essas verdades, mas [deve] tratá-las em sua totalidade";[30] e que embora seja preciso verificar os logros da TdL nesse campo,

> não se pode negar seu interesse por acumular conhecimentos dogmáticos, exegéticos, históricos, teológicos, filosóficos, de ciências sociais etc. para melhor entender e aprofundar as verdades da fé.[31]

O que ele não aceita e critica é a redução da teologia à tarefa de "explicar e aprofundar intelectualmente os conteúdos da fé" em sua positividade:

> não é tão evidente que a teologia tenha que ser só isso nem que tenha que ser principalmente isso, ou seja, não é tão evidente que a teologia tenha que ser primariamente *intellectus fidei*.[32]

E por uma razão muito fundamental: "a revelação de Deus não consiste formalmente na comunicação de verdades plurais acerca de si mesmo, mas na doação de sua própria realidade" e, correlativamente, "a resposta a essa revelação não consiste primariamente na aceitação de verdades e sua compreensão e aprofundamento ulteriores, mas na acolhida real desse Deus", deixando-se "configurar por esse Deus", ou seja, "realizando a vontade de Deus". Há, aqui, diz ele, uma "prioridade da comunicação real de Deus sobre o mero saber acerca dela", uma "prioridade da vontade de Deus de que o mundo chegue a ser de uma determinada maneira". E, conclui:

---

[29] Ibid., p. 72.

[30] Ibid., p. 75. Em outro contexto afirma, na mesma linha: "Daí que a realidade dos pobres exija e possibilite que a teologia mude sua própria autocompreensão e se compreenda, antes de tudo, como *intellectus amoris*, não em oposição, mas em diferenciação ao *intellectus fidei*" (Id. *Jesucristo liberador*. Lectura histórica-teológica de Jesus de Nazaret. San Salvador: UCA, 2000, aqui p. 70).

[31] Id. Teología en un mundo sufriente. La teología de la liberación como *intellectus amoris*, op. cit., p. 76.

[32] Ibid., p. 72.

se tudo isso é assim na revelação e na vivência real da fé, não se vê por que a teologia tenha que se compreender apenas como *intellectus fidei* nem, menos ainda, reduzir-se a ele. Não se vê por que o quefazer teológico, um entre os quefazeres cristãos, não tenha que dar prioridade ao que caracteriza a revelação e a fé cristã: o amor.[33]

Neste contexto propõe uma compreensão mais ampla e mais bíblica da teologia: "queremos propor que a teologia, enquanto *intellectus*, se compreenda a si mesma a partir da totalidade da tríade fé-esperança-amor e que, dentro dela, dê prioridade ao amor".[34] Mas, em hipótese alguma, "pretende substituir" a compreensão clássica da teologia como *intellectus fidei*!

Em segundo lugar, o *intellectus amoris* de que fala Sobrino não se refere apenas nem mesmo *prima facie* ao amor antropológico (*intellectus amoris hominis*), se esse é tomado em contraposição ao amor de Deus (*intellectus amoris Dei*), como interpreta Boff.[35] 1. Ao apresentar "a misericórdia como reação primária ante o mundo sofredor", Sobrino começa mostrando como a misericórdia é "algo central na revelação"[36] – "a reação correta ante o mundo sofredor". De modo que "embora a misericórdia não seja o único, é absolutamente necessária na revelação (e, em último termo, veja-se Mt 25, absolutamente suficiente)".[37] 2. Em outro artigo, mas na mesma linha, tratando da identidade da Igreja, afirma: "o princípio que nos parece mais estruturante da vida de Jesus *é* a misericórdia, por isso *deve ser* também o princípio estruturante da Igreja";[38] "para Jesus, a misericórdia está na origem do divino e do humano. Deus *se rege* segundo esse princípio e os humanos *devem reger-se* segundo ele, subordinando

---

[33] Ibid., p. 73.

[34] Ibid.

[35] Cf. BOFF, *Teoria do método teológico*, cit., p. 123; Id. Retorno à *arché* da teologia, op. cit., p. 176.

[36] SOBRINO, Jon. Teología en un mundo sufriente. La teología de la liberación como *intellectus amoris*, cit., p. 66.

[37] Ibid., p. 67.

[38] Id. La Iglesia samaritana y el principio-misericordia, cit., p. 32.

tudo mais a esse princípio".[39] 3. Ao falar da TdL como *intellectus amoris*, define-a como "inteligência da realização do *amor histórico* aos pobres desse mundo *e* do *amor que nos faz afins à realidade do Deus revelado*, a qual consiste, em definitiva, em mostrar amor aos seres humanos".[40] 4. Ao propor uma compreensão da teologia, enquanto *intellectus*, a partir da tríade fé-esperança-amor, dando prioridade ao amor, afirma: "a teologia deve incorporar em seu quefazer [...] sobretudo o que *há de amor* em Deus e o que *há de possibilidade e de necessidade de realizar o amor* nos seres humanos".[41] 5. Por fim, ao destacar a novidade teórica dessa concepção da teologia, afirma: "com ela, a teologia se torna mais *bíblica e* mais *relevante historicamente*"; "cremos que isto é o que está em jogo ao definir a teologia como *intellectus amoris*: sua *relevância histórica* e sua *identidade cristã*"[42] (grifos nossos). De modo que não se pode reduzir o *intellectus amoris* de que fala Sobrino ao amor humano (*intellectus amoris hominis*) em detrimento do amor divino (*intellectus amoris Dei*). Enquanto *intellectus amoris*, a TdL é, para Sobrino, intelecção da realização histórica do amor que "nos faz afins a Deus",[43] portanto, do amor de Deus e de nosso amor (*intellectus amoris Dei et hominis*).

Sem dúvida, uma leitura mais atenta da tese de Sobrino, por parte de C. Boff, teria levado este a evitar acusações infundadas, a ponderar e formular melhor sua crítica e teria dado um rumo mais positivo e propositivo à discussão. Mas o problema não se reduz a uma interpretação errada da tese de Sobrino por parte de C. Boff, por mais que isso não seja irrelevante. Na verdade, existe um conflito teórico entre ambos que se situa mais no nível dos pressupostos epistemológicos do quefazer teológico e, por isso mesmo, além de muito sutis, não são tão perceptíveis à primeira vista. É o que tentaremos esboçar no item seguinte.

---

[39] Ibid., p. 38. "Este 'princípio-misericórdia' é o que deve atuar na Igreja de Jesus; e o *pathos* da misericórdia *deve* informá-la e configurá-la" (ibid.). Noutras palavras, *deve ser* na Igreja, porque *é* em Jesus. A práxis misericordiosa da Igreja funda-se, portanto, na práxis misericordiosa de Jesus.

[40] Id. Teología en un mundo sufriente. La teología de la liberación como *intellectus amoris*, cit., pp. 70s.

[41] Ibid., pp. 73s.

[42] Ibid., pp. 74s.

[43] Ibid., p. 78.

## *Conflito epistemológico entre Jon Sobrino e Clodovis Boff*

Evidentemente, não faremos aqui uma abordagem exaustiva nem mesmo abrangente dos pressupostos epistemológicos das teologias de Jon Sobrino e de Clodovis Boff. Sequer, faremos tal abordagem daqueles pressupostos epistemológicos que consideramos mais determinantes do conflito teológico entre ambos. Nosso intento é muito mais modesto e tem um caráter muito mais indicativo que conclusivo. Trata-se, simplesmente, de identificar e esboçar esses pressupostos, para além dos textos diretamente abordados nesse artigo, de modo a favorecer uma discussão teórica mais propositiva e mais consequente entre ambas as perspectivas. São basicamente três: concepção de TdL (A), "relação" teoria-práxis (B), determinação e formulação do âmbito de realidade da teologia (C).

A. Há, antes de tudo, uma divergência entre Jon Sobrino e Clodovis Boff no que diz respeito à concepção mesma da TdL: teologia total x parte/momento da teologia.

Para Sobrino, como para a quase totalidade dos teólogos da libertação,[44] a TdL não se caracteriza tanto por um tema (pobre, libertação, política, gênero etc.), mas por uma "maneira nova de fazer teologia", para usar a expressão clássica de Gustavo Gutiérrez. A TdL, diz Sobrino, "pretende elaborar a totalidade da mensagem da fé sem se reduzir apenas ao amor, à misericórdia, à justiça etc. Mais ainda. Pensa, a partir de sua perspectiva própria, que responder ao mundo sofredor [portanto, configurar-se como *intellectus amoris*] pode organizar e hierarquizar melhor a totalidade da mensagem"[45] e, inclusive, configurar, de modo mais bíblico e teoricamente mais consequente, o próprio *intellectus fidei* (formulação positiva ou dogmática da fé), na medida em que

---

[44] Cf., entre outros, GUTIÉRREZ, Gustavo. *Teología de la liberación*: perspectivas. Lima: CEP, 1988, p. 87; SCANNONE, Juan Carlos. *Teología de la liberación y praxis popular*. Salamanca: Sígueme, 1976, p. 18; SEGUNDO, Juan Luis. *Libertação da teologia*. São Paulo: Loyola, 1978, p. 5, nota 1; ELLACURÍA, Ignacio. Teología de la liberación frente al cambio socio-histórico en América Latina. *Escritos Teológico I*. San Salvador: UCA, pp. 313-345, aqui p. 315; BOFF, Leonardo. *Teologia do cativeiro e da libertação*. Petrópolis: Vozes, 1983, pp. 27, 50, 54.

[45] SOBRINO, op. cit., p. 76.

oferece o caminho do amor como o caminho primário da *mistagogia*, em último termo, porque o amor é aquilo que nos faz afins a Deus e, a partir dessa afinidade, decide-se se tem ou não sentido a afirmação de Deus.[46]

Para C. Boff, ao contrário, a TdL não é, senão, uma espécie de "mediação" entre a "teologia clássica" e os temas de cunho mais sociopolítico e cultural. Já em sua tese doutoral, ao definir a TdL como uma "teologia do político", reconhecia, explicitamente, que "esta posição epistemológica não coincide com a posição expressa pelos 'teólogos da libertação' (se é que alguma vez eles já tiveram uma posição epistemológica expressa)" que "pretendem" que "a 'libertação' é como um 'horizonte' no interior do qual se lê toda a tradição da fé".[47] É verdade que numa segunda etapa de seu pensamento chegou a reconsiderar a posição inicial e compreender a TdL como uma "teologia global" na perspectiva da libertação.[48] Desde o final dos anos 1990,[49] entretanto, retrocedeu à posição inicial, ainda que com certas matizações, definindo a TdL como um momento do "processo teológico integral", isto é, "o momento no qual a Teologia se confronta com a história" (Teologia 2 ou Momento 2) e, nesse sentido, ela "descansa sobre um discurso teológico anterior, mais fundamental, de que a 'teologia clássica' é a expressão histórica" (Teologia 1 ou Momento 1).[50]

---

[46] Ibid., p. 78. A mistagogia propicia uma "iluminação" que é "originada pelo contato com a realidade mesma do mistério" e não se reduz "à compreensão de textos acerca desse mistério" (ibid.).

[47] BOFF, Clodovis. *Teologia e prática*: teologia do político e suas mediações. Petrópolis: Vozes, 1978, p. 33. Cf. id. Teologia e prática. *REB* 144 (1978) 789-810, aqui pp. 809s.

[48] Cf. id. Retrato de 15 anos da Teologia da Libertação. *REB* 182 (1986) 263-271, aqui pp. 363s; Id. Prefácio autocrítico. *Teologia e prática*: teologia do político e suas mediações. Petrópolis: Vozes, 1993, pp. III-XII, aqui pp. VIs; Id. Epistemología y método de la teología de la liberación. In: ELLACURÍA, Ignacio; SOBRINO, Jon. *Mysterium Liberationis*: Conceptos fundamentales de la teología de la liberación. Tomo I. San Salvador: UCA, 1993, pp. 79-113, aqui pp. 79ss.

[49] Cf. id. *Teoria do método teológico*, cit., pp. 17s, 637s; Id. Como vejo a teologia latino-americana trinta anos depois. In: SUSIN, Luiz Carlos. *O mar se abriu*. Trinta anos de teologia na América Latina. São Paulo: Loyola, 2000, pp. 79-95, aqui pp. 89-92; Id. Retorno à *arché* da teologia, cit., pp. 180ss; Id. Teología. In: TAMAYO-ACOSTA, Juan José. *Nuevo diccionario de teología*. Madrid: Trotta, 2005, pp. 866-870, aqui pp. 867s.

[50] Id. Retorno à *arché* da teologia, cit., p. 175.

Um dos problemas da crítica que C. Boff faz à teologia de Jon Sobrino, em particular, e à TdL "realmente existente", em geral, é que ele tenta enquadrar ou engessar estas teologias dentro de seu esquema teológico: Teologia Clássica (T1 ou M1) X TdL (T2 ou M2) e, dessa forma, além de não fazer *jus* a essas teologias, acaba simplificando-as e mesmo deformando-as em função de seu esquema. No caso concreto da tese de Sobrino da TdL como *intellectus amoris*, vimos como o intento de C. Boff de enquadrá-la em seu esquema, reduzindo-a a uma T2 ou a um M2 (*intellectus amoris hominis*), só foi possível por uma interpretação equivocada e deturpadora dela que não resiste a uma leitura mais atenta e consequente do texto. E se tomarmos em consideração a produção da TdL em sua totalidade – sobretudo no que diz respeito a cristologia, trindade, eclesiologia, sacramentos, liturgia etc. –, aí é que não se sustenta mesmo a redução boffiana da TdL ao que ele nomeia T2 ou M2 da teologia total, como ele mesmo reconheceu na segunda etapa de seu pensamento.

B. Ligado à concepção de TdL e, em boa medida, como um de seus pressupostos,[51] está o problema do ponto de partida e da formalidade da atividade intelectiva enquanto tal. O conflito aparece aqui na determinação do ponto de partida da teoria teológica (revelação/fé real x formulação positiva ou dogmática da fé) e, em última instância, na determinação e formulação da "relação" teoria-práxis.

Para Jon Sobrino, há na revelação e na fé uma prioridade do "real" sobre o "saber" acerca desse real e essa prioridade deve configurar também o quefazer teológico enquanto tal,[52] na medida em que toda intelecção é, de alguma forma, determinada e configurada pela realidade a ser inteligida. Por isso mesmo, a teologia não pode ser reduzida à tarefa de "explicar

---

[51] "Fazer da TdL um todo propriamente orgânico é uma empresa que não tem mais significação do que pode ter uma ideologia. Ela pode dar corpo a um discurso determinado, mas só pode fazê-lo a preço da dissimulação dos conteúdos teóricos que estão pressupostos neste mesmo discurso e que somente uma teologia do tipo Teologia 1 pode lhe fornecer" (Id. Teologia e prática, cit., p. 809).

[52] Cf. SOBRINO, op. cit., p. 73. Se a misericórdia é algo tão central na revelação e na fé, deve ser também na teologia, enquanto intelecção dessa revelação e dessa fé. E não apenas como "conteúdo" a ser esclarecido e propiciado, mas também e mais radicalmente como momento constitutivo e configurante do próprio "quefazer teológico" (cf. ibid., p. 67).

e aprofundar intelectualmente os conteúdos [positivos] da fé",[53] como se a realidade que a teologia procura inteligir se reduzisse às formulações positivas da fé. Isso significa, concretamente, que "mesmo quando a TdL se reconhece como um quefazer especificamente intelectual e, enquanto tal, autônomo, não se concebe como algo absolutamente autônomo com respeito ao quefazer humano-cristão fundamental", mas, antes, na formulação de Ellacuría, como "um momento" desse quefazer ou dessa práxis – seu "momento consciente e reflexo" por excelência.[54] Essa postura tem uma dupla vantagem. Por um lado, evita o "divórcio entre o que é a revelação de Deus e o que ela exige formalmente (o amor) e aquilo do que se ocupa formalmente a teologia (explicação e aprofundamento de verdades).[55] Por outro lado, leva a sério o caráter práxico de todo saber e conhecimento humanos, também, claro, o teológico.[56] E, aqui, Sobrino se apoia na concepção zubiriana[57] da intelecção humana (*inteligencia sentiente*[58] – momento da ação humana[59]), tal como foi retomada e formulada a modo de teses por I. Ellacuría em vista de uma fundamentação da TdL:[60] 1. caráter *sentiente* e biológico da intelecção

---

[53] Ibid., p. 72.

[54] Ibid., p. 69.

[55] Ibid., p. 75.

[56] "Conhece-se melhor a realidade quando se opera sobre ela; conhece-se melhor o que é o reino de Deus quando se intenta construí-lo; conhece-se melhor o que é o pecado quando se intenta erradicá-lo [...]; conhece-se a Deus quando se pratica a justiça; conhece-se quando se ama" (ibid., p. 68).

[57] Para umá visão panorâmica da filosofia de Zubiri em português, cf. CESCON, Everaldo. Uma introdução ao pensamento filosófico de Xavier Zubiri (1898-1983). *Síntese* 31/100 (2004) 239-282.

[58] Cf. ZUBIRI, Xavier. *Inteligencia sentiente*. Inteligencia y realidad. Madrid: Alianza Editorial, 2006; Id. *Inteligencia y logos*. Madrid: Alianza Editorial, 2002; Id. *Inteligencia y razón*. Madrid: Alianza Editorial, 1983.

[59] Cf. id. *Sobre El hombre*. Madrid: Alianza Editorial, 1998, pp. 11-41; Id. *Inteligencia sentiente*, cit., pp. 281-285.

[60] Cf. ELLACURÍA, Ignacio. Hacia una fundamentación del método teológico latino-americano, cit., pp. 205-211. "Quando conheci o pensamento de Ellacuría, o que mais me impactou foi sua ênfase no *encargarse de la realidad*, até o ponto de – eram os inícios da TdL – chegar a definir a teologia como momento ideológico de uma práxis, cuja finalidade era 'a maior realização possível do reino de Deus na história'. De minha parte, tratei de retomar a intuição e defini a teologia como *intellectus amoris* (*iustitiae*, *misericordiae*), para além do *intellectus fidei* de Agostinho e do *intellectus spei*, como o formulava Jürgen Moltmann em 1978, em sua *Teologia da esperança*" (SOBRINO, Jon. "El pueblo crucificado" y "la civilización de la pobreza". "El hacerse cargo

humana;[61] 2. estrutura formal de apreensão e enfrentamento da realidade enquanto realidade (dimensão noética, ética e práxica);[62] caráter histórico fundamental.[63] Nesta perspectiva, a intelecção aparece como um momento da práxis – *um* momento, mas um momento *de* – e a teologia, enquanto intelecção, pode tomar a práxis salvífica (revelação-fé) como seu ponto de partida, sem que isso comprometa seu caráter e sua qualidade intelectivos.

Para Clodovis Boff, entretanto, o ponto de partida da teoria teológica só pode ser as afirmações positivas ou dogmáticas da fé.[64] Reconhece, certamente, o caráter práxico da revelação e da fé, nas quais "o critério decisivo é o amor".[65] Mas, em se tratando de teoria teológica, insiste, "o que conta é a fé certa, não a fé vivida".[66]

o princípio formal da teologia é constituído pelo que se pode chamar a 'positividade cristã'. Para efeitos de epistemologia, esta aparece como o

---

de la realidad" de Ignacio Ellacuría. In: NICOLAS, Juan Antonio; SAMOUR, Héctor (ed.). *Historia, ética y ciencia*. El impulso crítico de la filosofía de Zubiri. Granada: Comares, 2007, pp. 429-454, aqui pp. 430s).

[61] "A inteligência humana só pode atuar a partir dos sentidos e em referência aos sentidos que são, antes de tudo, funções biológicas e que servem, primariamente, para a subsistência do ser vivo"; "a inteligência humana tem, sem dúvida, uma estrutura própria, pela qual se diferencia de outras notas da realidade humana [...]. Mas o que a inteligência faz, por muito formalmente irredutível que seja, o faz em unidade primária com todas as demais notas da realidade humana" (ELLACURÍA, op. cit., p. 206).

[62] "A estrutura formal da inteligência e sua função diferenciativa dentro do contexto estrutural das notas humanas e do permanente caráter biológico da unidade humana não é ser compreensão do ser ou captação do sentido, mas apreender a realidade e enfrentar-se com ela"; "em relação com sua referência primária à vida, o específico e formal da inteligência é fazer que o homem se enfrente consigo mesmo e com as demais coisas, enquanto coisas reais [*de suyo, ex se*], que só por sua essencial respectividade com ele podem ter para ele um ou outro sentido" (ibid., pp. 207s).

[63] A inteligência humana "conta em cada caso com determinadas possibilidades teóricas que se constituem como resultado de uma marcha histórica e representam o substrato a partir do qual se pensa" (ibid., p. 209); "tem uma estrita dimensão social, não apenas por sua origem, mas também por sua destinação" (ibid., p. 211); "tem também uma referência imediata à práxis, inclusive como condição de sua própria cientificidade" (ibid.).

[64] Cf. BOFF, Clodovis. *Teoria do método teológico*, cit., p. 111; Id. *Retorno à arché da teologia*, cit., pp. 148s.

[65] Cf. id. *Teoria do método teológico*, cit., pp. 110ss, 115s, 121s, 123, 170.

[66] Ibid., p. 112.

conjunto dos postulados, axiomas, pressupostos ou premissas a partir e em virtude dos quais a teologia trabalha.[67]

Há, aqui, uma concepção determinada da intelecção humana, em geral, e do conhecimento científico, em particular, que convém explicitar. Por um lado, embora admitindo que a vida/práxis tenha certa "densidade epistemológica"[68] e reconhecendo que a epistemologia bíblica é uma epistemologia fundamentalmente práxica,[69] C. Boff distingue e separa de tal modo saber e vida, teoria e práxis que elas terminam sendo realidades essencialmente "heterogêneas, ainda que combináveis":[70] "as leis do pensamento, bem como as da linguagem, são outras que as da realidade. A ordem do ser não é a ordem do conhecer".[71] Por outro lado, assume a concepção do "processo da prática teórica" de Althusser: "a prática teórica produz Generalidades III [produto] mediante o trabalho da Generalidade II [corpo de conceitos] sobre a Generalidade I [matéria prima]".[72] Segundo esta concepção, diz C. Boff, "o processo do conhecimento científico arranca formalmente, não das coisas reais ou concretas, mas das noções gerais, abstratas e ideológicas que se encontram numa cultura dada".[73] Nele, "as coisas reais permanecem atrás do processo cognitivo, enquanto pressuposto deste e enquanto sua visada, de algum modo assintótica".[74] Ora, na medida em que "o processo do conhecimento teológico obedece às mesmas leis de estrutura que as que

---

[67] Ibid., p. 126.
[68] Cf. ibid., pp. 160ss, 162, 181, 183, 185, 186, 201, 401, 410. "Na verdade, que é mesmo a inteligência senão abertura ao mundo, docilidade ao real? Sua medida é a própria realidade. Esta lhe serve de regra e mestra. Donde nascem os grandes pensamentos? Dos livros? Não. Esses são apenas subprodutos de algo muito mais nascente, que é exatamente a voz das coisas, sua palavra, verdade e luz" (ibid., p. 161).
[69] Cf. ibid., pp. 188-192.
[70] Ibid., p. 391. Cf. ibid., pp. 112, 121, 168.
[71] Id. *Teologia e prática*: teologia do político e suas mediações, cit., p. 216.
[72] Ibid., p. 148.
[73] Ibid., p. 147. "Não se trata aí de conhecer diretamente o 'real', o 'concreto', a 'coisa mesma', como o entende uma epistemologia simplista, chame-se ela empirismo, intuicionismo, sensualismo ou positivismo e que contrapõe ingenuamente 'abstrato' a 'concreto', 'teórico' a 'prático'" (ibid.).
[74] Ibid., p. 147.

regem toda prática teórica, tal como acabamos de descrevê-la",[75] o ponto de partida da teologia *só* pode ser a "positividade da fé" (corpo de conceitos) – afinal o "real" da revelação e da fé, nesta concepção, fica "atrás do processo cognitivo" que é a teologia – e sua "relação" com a práxis não passa disso: mera *relação* entre dois *relatos* que, em si mesmos, são completos e autossuficientes.[76]

Temos, aqui, portanto, duas concepções bem distintas ou mesmo contrárias da "relação" teoria-práxis (teoria como "momento" da práxis x realidades "heterogêneas") e do ponto de partida da teologia (realidade da revelação/fé X positividade da fé). Quando C. Boff, apoiado numa concepção idealista/conceptualista do conhecimento e na concepção althusseriana do "processo da prática teórica", defende, contra Sobrino e a TdL "realmente existente", que "o ponto de partida da teologia" só pode ser a "positividade da fé" e que "a práxis não é mediação teórica alguma",[77] esquece que (A) essa "positividade da fé" surge, sempre e necessariamente, dentro de uma determinada práxis histórico-eclesial e por ela é possibilitada e condicionada (mediação práxica da linguagem), que (B), enquanto afirmação positiva ou dogmática da revelação e da fé, ela supõe e se apoia sempre na realidade dessa revelação e fé que intenta conceituar, formular, definir (primado da realidade sobre o sentido, a verdade, a linguagem) e que (C) se a "ordem" do pensamento e da linguagem fosse completamente distinta da "ordem" da realidade, aquela seria incapaz de apreender e formular/conceituar esta (caráter estrutural da realidade). De modo que o dualismo boffiano teoria-práxis, ainda que moderado,[78] e sua correspondente compreensão idealista/conceptualista da teoria não é tão evidente como lhe parece. Aqui está um dos pontos mais fundamentais e decisivos do conflito epistemológico entre

---

[75] Ibid., p. 150.

[76] "Não é a posição social de uma produção teológica, nem sua destinação política, nem mesmo sua relevância temática que vão decidir de sua *qualidade teórica*. Uma prática teológica como tal só é 'culpada' dos critérios de sua gramática, isto é, do conjunto das regras que organizam seu discurso. Assim, o julgamento sobre a sua 'verdade' não pode ser pronunciado senão no interior de seu perímetro epistemológico, mesmo no que se refere à 'verificação pelos fatos'" (ibid., p. 60).

[77] Id. Teoria e prática, cit., p. 796.

[78] Cf. nota 68.

Sobrino e Boff[79] e um dos problemas mais difíceis e complexos da metodologia teológica e, por isso mesmo, quase nunca enfrentado. Na América Latina, os únicos teólogos que se enfrentaram com essa problemática foram Clodovis Boff e Ignacio Ellacuría. Aquele apoiado numa tradição idealista/conceptualista do saber/conhecimento humano (Aristóteles, Tomás de Aquino, Althusser) e este apoiado numa concepção realista/sentiente/práxica do saber/conhecimento humano (Xavier Zubiri).

C. Profundamente vinculado à concepção do saber/conhecimento humano, em geral, e teológico, em particular, está a problemática da determinação e formulação do âmbito de realidade a ser inteligido pela teologia.[80] Isso aparece, aqui, na crítica (infundada!) de reducionismo antropológico na tese de Sobrino da teologia como *intellectus amoris*, por parte de C. Boff, e em sua insistência na necessidade de distinguir claramente (separar!?) e hierarquizar amor de Deus e amor humano.

Certamente, como vimos, o *intellectus amoris* de que fala Jon Sobrino não se reduz ao amor humano nem põe em questão a transcendência de Deus

---

[79] Quando Sobrino afirma que a teologia não pode ser apenas nem mesmo em última instância *intellectus fidei* (intelecção das afirmações positivas da fé) e que deve configurar-se, sobretudo (não exclusivamente!), como *intellectus amoris* (intelecção do amor que nos faz afins a Deus), não está propondo substituir Deus pelo homem (o amor a que se refere é *amor Dei et hominis*), mas está sendo consequente (A) com a realidade que procura inteligir (revelação-fé), realidade práxica entes que teórica, e (B) com o caráter sentiente/práxico de todo saber/conhecimento humano.

[80] Não por acaso C. Boff apresenta como razão primeira para defender o caráter primariamente teórico da teologia "guardar firme a ótica *teocêntrica* radical de todo o discurso cristão, contra todo o perigo de antropocentrismo" (BOFF, Clodovis. *Teoria do método teológico*, cit., p. 398) e ao insistir na distinção entre o "nível prático" ("relativo à fecundidade") o "nível teórico" ("relativo à verdade") da fé, afirma: "o primeiro diz respeito ao ser humano e o segundo, a Deus" (ibid., p. 168). Aqui, percebe-se, claramente, como o dualismo teoria-práxis está mais vinculado do que parece ao dualismo transcendência-imanência. Ignacio Ellacuría, por sua vez, comentando o significado e as consequências da concepção zubiriana da intelecção humana (*inteligencia sentiente*) para "fazer uma teologia correta, na qual o transcendente não tem por que aparecer como o que está para além dos sentidos, como um mundo aparte da realidade que nos é dada imediatamente", afirma: "não esqueçamos que a dualidade sensível-suprassensível, material-espiritual arrancou ultimamente da dissociação e oposição entre sensibilidade e inteligência" (ELLACURÍA, Ignacio. La nueva obra de Zubiri: Inteligencia sentiente. *Escritos Filosóficos III*. San Salvador: UCA, 2001, pp. 297-317, aqui p. 312).

e a gratuidade de sua revelação[81] nem, sequer, reduz esta ao que tem de misericórdia,[82] mesmo quando destaca a "afinidade" entre o amor de Deus e o amor o humano[83] e a "correlação transcendental entre revelação de Deus e clamor dos pobres",[84] reassumindo, de modo consequente, o "princípio de parcialidade" que caracteriza a revelação de Deus.[85] Tampouco o *intellectus fidei* de que fala C. Boff nega sem mais o caráter histórico e imanente da revelação[86] e sua parcialidade pelos pobres,[87] mesmo que conceda primazia à positividade da fé,[88] que insista na distinção e hierarquização entre amor de Deus e amor humano,[89] que identifique o *intellectus amoris Dei* (amor de Deus) com *intellectus fidei* (positividade da fé)[90] e que acabe reduzindo, de modo inconsequente e ilógico, a opção pelos pobres a algo meramente decorrente ou consequente da fé.[91]

Mas se, em todo caso, C. Boff vê na tese de Sobrino algum (risco de) reducionismo antropológico, vale lembrá-lo que sua crítica não é isenta de risco, ainda que em sentido contrário. A insistência unilateral na transcendência de Deus – mais ainda, quando aliada a uma concepção intelectualista/conceptualista do saber/conhecimento humano, marcada por um dualismo de base entre inteligência e sensibilidade – *pode acabar* relativizando ou mesmo prescindindo da historicidade que lhe é característica, isto é, privando-a de toda "carne" histórica e reduzindo-a a um princípio universal abstrato, lógico-formal ou o que seja, que pouco ou nada tenha mais a ver

---

[81] Cf. SOBRINO, Jon. Teología en un mundo sufriente. La teología de la liberación como "intellectus amoris", cit., pp. 78ss.

[82] Cf. ibid., pp. 55, 67.

[83] Cf. ibid., pp. 70s, 78.

[84] Ibid., p. 55.

[85] Ibid., p. 60.

[86] Cf. BOFF, Clodovis. *Teoria do método teológico*, cit., pp. 115s, 121s, 123, 170s. "Sem deixar de ser transcendente, a Revelação se imanentiza na vida. Sem isso não poderia ser acolhida. É 'existencial', não no sentido de pertencer à estrutura da existência, mas no de se dar no seio da existência" (ibid., p. 162).

[87] Cf. id. Retorno à *arché* da teologia, cit., pp. 174-177.

[88] Cf. id. *Teoria do método teológico*, cit., pp. 112, 124, 126, 186s.

[89] Cf. ibid., pp. 122s; Id. Retorno à *arché* da teologia, cit., pp. 175s.

[90] Cf. nota 24.

[91] Cf. nota 26.

com o Deus de Nosso Senhor Jesus Cristo (Jo 1,14; 1Jo 4,2) – escândalo para os judeus, loucura para os gregos (1Cor 1,22s).

Essa discussão tem uma longa história na teologia. Basta lembrar as polêmicas em torno ao dualismo natureza-graça, os intentos de superação desse dualismo por Henri de Lubac ("desejo natural da visão beatífica") e Karl Rahner ("existencial sobrenatural"), a insistência da TdL na unidade da história,[92] as suspeitas e críticas de antropocentrismo à tese de Rahner e, na mesma linha, à TdL.[93] É dentro deste contexto que Ellacuría, no intento de superar tanto as tendências dualistas quanto as tendências reducionistas ou monistas (verticalistas ou horizontalistas, materialistas ou espiritualistas), propôs tomar como "âmbito de realidade" ou "objeto fundamental" da teologia o "reino de Deus", tanto no que tem "de Deus" ("totalidade do Deus revelado por Jesus e em Jesus") quanto no que tem de "reino" (história e homem "como lugar de presença e atuação do Deus de Jesus"), mas em sua "unidade estrutural" de "reino de Deus": "inclui formalmente a Deus, inclui formalmente seu reinado na história, mas os inclui numa unidade intrínseca".[94] E por aqui vai a postura de Jon Sobrino.

## A modo de conclusão

A apresentação da tese de Jon Sobrino e da crítica de Clodovis Boff a essa tese, bem como a crítica à crítica de C. Boff mostram como o conflito teórico entre ambas as posturas é muito mais complexo do que pode parecer à primeira vista e, em hipótese alguma, pode ser reduzido a contraposições

---

[92] Cf. GUTIÉRREZ, op. cit., pp. 245-271; ELLACURÍA, Ignacio. El desafío cristiano de la teología de la liberación. *Escritos Teológicos I*. San Salvador: UCA, 2000, pp. 19-33; SEGUNDO, Juan Luis. Criticas y autocríticas de la teología de la liberación. In: COMBLIN, José; GONZÁLEZ FAUS, José Ignacio; SOBRINO, Jon. *Cambio social y pensamiento cristiano en América Latina*. Madrid: Trotta, 1993, pp. 215-236, aqui pp. 217-221.

[93] Cf. RATZINGER, Joseph. *Zur Lage des Glaubens*. Ein Gespräch mit Vittorio Messori. Freiburg – Basel – Wein: Herder, 2006, pp. 176-199; BOFF, Clodovis. *Teoria do método teológico*, cit., pp. 113s; Id. Teologia da libertação e volta ao fundamento. *REB* 268 (2007) 1001-1024, aqui pp. 1007-1011.

[94] ELLACURÍA, Ignacio. La teología como momento ideológico de la praxis eclesial, cit., pp. 176s.

simplistas e apelativas do tipo "Deus x pobre", "teologia x pobrologia", "a favor ou contra os pobres" ou semelhantes.

 Evidentemente não tínhamos, aqui, possibilidade de desenvolver de modo exaustivo nem mesmo suficientemente abrangente o conflito teórico entre ambas as teologias. Daí que nosso intento tenha se reduzido a ajudar a explicitar e a formular o núcleo teórico do conflito e, assim, favorecer um debate mais denso e mais propositivo que leve ao aprofundamento e ao desenvolvimento de uma teologia da libertação cada vez mais fiel ao Deus de Jesus de Nazaré na realização histórica de seu reinado – Boa Notícia para os pobres e oprimidos deste mundo, n'Ele, juízes e senhores de nossas vidas, igrejas e teologias.

# 5

# "A teologia como momento ideológico da práxis eclesial": uma aproximação à teologia de Ignacio Ellacuría[1]

Ignacio Ellacuría é, ainda, um teólogo muito desconhecido no Brasil. Nascido em Portugalete, Espanha, em 1930, aos 17 anos ingressou na Companhia de Jesus e, no ano seguinte, foi enviado à América Central como membro fundador do noviciado em Santa Tecla, El Salvador. Estudou Humanidades e Filosofia em Quito, Equador; Teologia em Insbruck, Áustria – onde foi aluno de Karl Rahner; e doutorou-se em Filosofia em Madri, Espanha, sob a direção de Xavier Zubiri.[2] De volta a El Salvador, em 1967, dedicou-se, sobretudo, ao trabalho na Universidade Centro-americana "José Simeón Cañas". Ali foi professor de filosofia, membro da "Junta de Diretores, coordenador do Departamento de Filosofia, fundador e diretor do Centro de Reflexão Teológica" (CRT), diretor da revista *Estudios Centro Americanos* (ECA) e reitor. Desde a universidade foi se tornando um salvadorenho no sentido mais pleno da palavra. Viveu com uma intensidade ímpar – eclesial, política, acadêmica – a *realidade* salvadorenha. Participou ativa e radicalmente do "fato Romero" que fez de El Salvador e de sua Igreja um "sinal dos tempos". Sua *encarnação* nessa *realidade* e sua *fidelidade*, aí, ao Deus de Jesus e à práxis do seu reinado o conduziu à "Glória" do Martírio aos 16

---

[1] Publicado na revista *Perspectiva Teológica* 36 (2004) 197-220.
[2] Sua tese foi apresentada em 1965 na Universidade Complutense de Madri, e tinha como tema "La principialidad de la esência en Xavier Zubiri".

de novembro de 1989.³ E fez de sua *teologia*, enquanto *momento reflexo e consciente da práxis eclesial* em que estava inserido, uma teologia, verdadeiramente, salvadorenha, centro-americana, latino-americana.⁴

Seus escritos constituem um leque muito amplo de temas e perspectivas.⁵ Daí que a aproximação ao seu pensamento seja, ao mesmo tempo, difícil e fecunda. Poderíamos abordá-lo a partir de temas ou assuntos específicos (homem, igreja, violência, universidade...); a partir de perspectivas distintas (filosofia, teologia, ciências sociais); ou, ainda, a partir de categorias que determinam tanto a perspectiva quanto o tema ou assunto (realidade, história, pobre, reino de Deus).

Queremos nos aproximar de seu pensamento a partir da perspectiva teológica. E o faremos não apresentando sua reflexão sobre um dentre tantos assuntos desenvolvidos, mas apresentando sua compreensão de teologia. De modo que nosso estudo se enveredará pelo caminho epistemológico, situando-se, portanto, na área da metodologia teológica. É claro que não vamos abordar todos os aspectos da metodologia teológica, mesmo porque Ellacuría não tratou de todos os seus aspectos, nem mesmo todos os que dele recebeu um tratamento especial.

Nosso estudo se deterá em apenas três questões: 1. O lugar do fazer teológico no contexto histórico da práxis eclesial; 2. As condições para que esse fazer teológico seja *cristão*; 3. A relação teoria e práxis na Teologia da Libertação. O desenvolvimento dessas questões se dará, sobretudo, a partir

---

[3] Sobre o martírio de Ellacuría e seus companheiros, cf. *Os seis jesuítas mártires de El Salvador*: Depoimento de Jon Sobrino. São Paulo: Loyola, 1990.

[4] Algumas notas biográficas de Ellacuría, bem como alguns ensaios de sínteses (mais ou menos felizes) de seu pensamento podem-se encontrar em SOLS LUCIA, José. *El legado de Ignacio Ellacuría*: para preparar el decenio de su martírio. Barcelona: Cuadernos Cristianismi i Justicia, 1998; Id., *La teologia histórica de Ignacio Ellacuría*. Madrid: Trotta, 1999 [recensão de AQUINO JÚNIOR, Francisco de. *PT* 92 (2002) 125-128]; SOBRINO, Jon; ALVARADO, Rolando (ed.). *Ignacio Ellacuria*: "aquella libertad esclarecida". Santander: Sal Terrae, 1999.

[5] A Universidade Centro Americana de El Salvador publicou o conjunto de sua obra em três grandes tomos de *Escritos filosóficos*, quatros de *Escritos teológicos*, três de *Escritos políticos* e um de *Escritos universitários*, além de sua monumental *Filosofía de la realidad histórica*.

de dois de seus artigos: *La teología como momento ideológico de la práxis eclesial*[6] e *Relación teoria y práxis en la teologia de la liberación*.[7]

Convém ressaltar que embora as questões aqui abordadas não esgotem a metodologia teológica, ocupam um lugar primordial no seu desenvolvimento, uma vez que elas dizem respeito ao núcleo mais fundamental da identidade da *teologia cristão*. E isso tanto no que diz respeito ao "fazer teológico", enquanto atividade, quanto à sua identidade cristã.

## "Que lugar ocupa o fazer teológico no contexto histórico da práxis eclesial"?

O modo como Ellacuría formula esta questão põe, de antemão, os limites e as fronteiras de sua resposta. O "fazer teológico" e o "produto teológico" serão compreendidos e abordados "no contexto histórico da práxis eclesial". Portanto, uma ação e um produto, simultaneamente, eclesial e histórico. Daí o desafio que se põe de explicitar e fundamentar a relação entre teologia, práxis eclesial e práxis histórica. Sua reflexão está estruturada em quatro pontos.

A. Esquece-se, com frequência, do *caráter histórico*[8] do "fazer" e do "produto" teológicos. "Continua pesando sobre a teologia a antiga pretensão de ser um saber absoluto e supremo".[9] É como se ela fosse imune aos acontecimentos históricos. Nada a afetasse. Estivesse sempre por cima. Embora até se reconheça sua finalidade prática, afinal toda teologia se pretende eclesial,

---

[6] Publicado originalmente na Revista *Estudios Eclesiásticos* 53 (1978) 457-476 e, recentemente, em *Escritos Teológicos I*, cit., 2000, pp. 163-185. Tomaremos como referência a última publicação.

[7] Mais que um texto sistematicamente desenvolvido, trata-se, aqui, de um esquema de 1985 publicado em ibid., pp. 235-245.

[8] Para Ellacuría não se trata apenas de que a teologia seja feita na história, mas, antes, de que ela seja, em si mesma, histórica. Esta distinção é importante porque, teoricamente, poder-se-ia pensar – e há que pense, por ingenuidade ou má-fé – que, embora sendo feita na história, ela não é, necessariamente, histórica, no sentido de estar sujeita aos vai e vens da história. Acontece que o fato de ela tratar do *Ab-soluto* não significa que o seu tratamento seja *Ab-soluto*. Pelo contrário. É sempre situado, condicionado...

[9] ELLACURÍA, Ignacio. La teologia como momento ideológico da práxis eclesial, cit., p. 164. A partir de agora, nos itens 1 e 2, os números entre parênteses, sem outra indicação, remetem a páginas deste artigo.

pouco se reflete sobre esta finalidade e, menos ainda, sobre seus condicionamentos históricos.

Para Ellacuría é importante perceber que não existe essa teologia a-histórica. Toda teologia é histórica e paga todos os tributos dessa historicidade. Mesmo quando não trata de questões imediata e explicitamente práticas. "É, pois, uma ingenuidade mais ou menos interessada crer que a teologia goza de um estatuto especial que a faz imune de todo condicionamento desfigurador, ao menos quando não se refere explicitamente a questões práticas... A teologia, mesmo como puro exercício racional, paga todos os tributos que são próprios desse exercício, entre outros, o de levar-se a cabo desde uma realidade limitada e interessada e a serviço de uns interesses determinados" (p. 165). Por mais que se queira ser objetivo no trato das questões teológicas, sobremaneira quando se trata de suas verdades mais fundamentais, a escolha e/ou exclusão de temas e, sobretudo, a forma de abordá-los são sempre condicionadas por interesses mais ou menos legítimos. Isso não significa reduzir o fazer teológico a um subjetivismo anárquico insuperável. Significa, simplesmente, levar a sério o seu caráter histórico e a necessidade de explicitar o modo de sua superação crítica.

Se a consciência do caráter histórico de todo e qualquer saber é fundamental para sua lucidez e criticidade, o é muito mais quando se trata do saber teológico, uma vez que muitas de suas afirmações "são, ao menos aparentemente, inverificáveis e, portanto, mais propensas a desfigurações e manipulações nem sempre conscientes" (p. 165). Enquanto "um tipo especial de exercício racional", a teologia paga "tributos especiais". Na medida em que seu saber não é do tipo empírico-experimental ("objetivo"), sua forma de conhecimento e seu modo de fundamentação parecem muito mais propensos a manipulações subjetivistas. E isso não se resolve simplesmente apelando para a revelação e o magistério como se eles estivessem fora da história e, portanto, fossem imunes a seus condicionamentos. Em primeiro lugar pelo "caráter opcional do âmbito da fé que acompanha não apenas o seu início, mas todo seu exercício" (p. 166). Em segundo lugar "porque a revelação mesma é histórica em sua estrutura, de modo que não pode ter um único sentido unívoco para situações realmente distintas; e se é assim a revelação enquanto entrega, o é muito mais enquanto recepção" (p. 166), seja pelo que tem de seletivo, seja pelo que tem de hierarquizador. E em terceiro lugar porque "o magistério também está sujeito a condicionamentos históricos, inclusive nos momentos supremos de seu exercício" (p. 166).

A insistência no caráter histórico da revelação, da fé e da teologia nem de longe se aproxima do relativismo e subjetivismo que marcam nossa epocalidade. É apenas um alerta para não se cair em "ingenuidades valorativas", fazendo passar por "verdade", sem mais, o que não passa dos interesses de um grupo determinado: "O discurso religioso pode ser uma mistificação do discurso econômico e político... inclusive quando aparentemente não fala mais que de Deus e do divino" (p. 166). Daí que, "sem chegar ao exagero de pensar que o discurso teológico seja apenas isso, cabe sempre a pergunta e a suspeita de quanto disso há em todo discurso teológico" (p. 166). Dito em outras palavras, o teólogo deve, sempre, perguntar-se "a quem e a que condutas favorecem suas reflexões ou quem se dá bem com elas" (p. 167).

Um dos grandes méritos da Teologia da Libertação consiste, exatamente, em reconhecer o caráter político de seu discurso.[10] Além de honesto, este reconhecimento, na medida em que se expõe a todo tipo de crítica, evita, em princípio, a "mistificação" de qualquer posição ou projeto político e se abre à possibilidade de "correção".

B. "Para não esquecer, no fazer teológico, sua incidência histórica, é necessário enquadrá-lo na práxis eclesial e a esta na práxis histórica" (p. 167). Na medida em que se compreende o fazer teológico como um momento específico de uma práxis específica, é mais fácil determinar o seu lugar e explicitar sua função.

A práxis eclesial é o lugar da teologia. Práxis eclesial se toma, aqui, em um sentido muito amplo. Diz respeito não apenas à transformação sociopolítica, menos ainda à ação revolucionária, ou ao compromisso ético decorrente da fé. Ela "abarca todo o fazer, de algum modo histórico, da Igreja, entendi-

---

[10] Esse caráter político da TdL é abordado por Ellacuría em vários artigos publicados no primeiro tomo de seus escritos teológicos: "Teorías económicas y relación entre cristianismo y socialismo" (pp. 303-312); "Teologia de la liberación frente al cambio socio-histórico en América Latina" (pp. 313-345); "El transfondo económico-político de Puebla" (pp. 365-370); "Estúdio teológico-pastoral de la 'Instrucción sobre algunos aspectos de la teologia de la liberación" (pp. 397-448); "Teologia de la liberación y marxismo" (pp. 461-497); "Marxismo y cristianismo" (pp. 499-507); "Es conciliable el análisis marxista com la fe cristiana?" (pp. 509-516).

da como comunidade de homens que, de uma ou de outra maneira, realizam o reino de Deus" (p. 167).[11] A expressão "reino de Deus" é utilizada para destacar "o aspecto de práxis, isto é, de ação transformadora que compete à Igreja em seu caminhar histórico" (p. 168).

Ao situar a *teologia* no contexto da *práxis eclesial*, Ellacuría se recusa a tratá-la como "um fazer teórico autônomo". Ela constitui, isto sim, "um elemento dentro de uma estrutura mais ampla" (práxis eclesial) que não apenas "a contextualiza e a determina", mas que é "essencialmente subsidiária de uma práxis histórica". De modo que o fazer teológico e o produto teológico aparecem, aqui, como essencialmente subordinados à práxis eclesial e, através desta, à práxis histórica total. Esta subordinação é, segundo ele, não apenas uma "necessidade", mas também um "ideal".

Necessidade na medida em que, como qualquer outro fazer, "está determinado pelo que é a práxis histórica em um momento determinado" (p. 168). Isso não significa que o teólogo não possa superar, criticamente, a práxis eclesial imediata (nem sempre cristã!) em que ele está inserido. Até porque, na medida em que se pretenda cristão, o fazer teológico deve orientar, cristamente, a práxis eclesial. Mas o fato de poder superá-la não lhe confere uma autonomia absoluta. Parte sempre dessa práxis e volta-se para ela. É sempre determinado "pelo que é ou pelo que há de ser a práxis eclesial" (p. 168).

Ideal na medida em que "não é concebível à margem da Igreja". Não obstante sua autonomia, enquanto fazer teórico (um fazer específico), parte, sempre, da práxis eclesial e está a seu serviço, pelo menos enquanto está "toda inteira voltada para a realização do reino" (p. 168).

A relação entre a *práxis eclesial* ("práxis teologal") e o *fazer teológico* ("teoria" teológica) é, para Ellacuria, um aspecto fundamental da metodologia teológica. O fazer teológico tem características e exigências próprias que o distingue da práxis eclesial. Mas isso não significa que possa ser considerado como um fazer completamente autônomo em relação à práxis eclesial

---

[11] E, aqui, Ellacuría se distancia de uma compreensão estreita e reducionista da TdL, que a compreende como uma reflexão teológica das questões sociais. Ela não é uma espécie de "Teologia do político", mesmo que tenha uma dimensão política e trate de questões explicitamente políticas. Essa compreensão da TdL aparece, dentre outros, em Clodovis Boff e é explicitamente criticada e rejeitada por Ellacuría. Cf. a propósito id. Historicidad de la salvación cristiana, cit., pp. 535-596, aqui pp. 538s.

total. Ele é apenas um de seus momentos. Momento esse que conta com "tarefas predominantemente técnicas, cujo melhor aporte será a perfeição de seu tecnicismo" (p. 168). Mas que no seu conjunto é orientado pela práxis eclesial e para a práxis eclesial. Essa orientação eclesial é, portanto, constitutiva do fazer teológico, enquanto fazer teológico.

C. A "práxis eclesial", na qual o fazer teológico está inserido, é "um momento" que conta com "relativa autonomia" em relação à "práxis histórica totalizante". Para Ellacuría, essas duas determinações da práxis eclesial são fundamentais: Ela "conta com certa autonomia" e é "apenas um momento" da práxis histórica que não apenas é "mais ampla e englobante, mas verdadeiramente totalizante" (p. 169).

*Autonomia* é, aqui, entendida sob um duplo aspecto. Negativamente ela diz respeito ao "fato de que como práxis não seja, ao menos em princípio, um mero reflexo mecânico de outras instâncias" (p. 169). Positivamente ela diz respeito à "capacidade própria para reagir sobre outras instâncias não eclesiais" (p. 169). É claro que a autonomia da práxis eclesial em relação à práxis histórica total é algo que deve ser conquistada de fato. Não está garantida de antemão. É, em princípio, uma possibilidade mais que uma realidade. Entretanto, não se trata de uma possibilidade meramente abstrata e idealista, mas de uma possibilidade historicamente efetivada. As abordagens críticas do cristianismo, diz Ellacuría, revelam que sua ação não foi, sempre (ainda que o tenha sido em grande parte), um mero reflexo do contexto em que estava inserido. É uma possibilidade que conta com fundamentos sociológico, teológico e epistemológico.

Sociologicamente, a autonomia da práxis eclesial se fundamenta na diversidade e especificidade das *funções* que constituem o tecido social. "A função cristã não se confunde, nem sequer no que tem de empírico e constatável, com outras funções sociais distintas" (p. 169), como a função econômica, política, cultural etc.[12]

---

[12] Para Ellacuría, a compreensão do dinamismo histórico passa, necessariamente, pela compreensão da *funcionalidade do real*. "A estrutura do todo do real faz com que o dinamismo adquira um caráter transcendental peculiar. As coisas reais estão todas umas 'em função das' demais, onde este 'em função de' deve entender-se em um sentido físico. Precisamente esta funcionalidade do real enquanto real é o que se deve entender estritamente por causalidade" (Id. *Filosofía de la realidad histórica*. San Salvador; UCA, 1999, pp. 587-591, aqui p. 587).

Teologicamente, ela se fundamenta "na presença postulada de um algo 'mais' na história que se faz efetivo nela" (p. 169). Um "mais" que faz da história uma realidade "transcendentalmente aberta", e que deve, de alguma forma, ser comprovado historicamente.[13]

E, epistemologicamente, ela se fundamenta "na singularidade de seu objeto [o reino de Deus] e de seu modo próprio de alcançá-lo e de realizá-lo" (p. 169). Embora o reino de Deus tenha dimensões e implicações política, econômica, cultural etc., e como tal tenha pontos em comum com outras tarefas ou funções históricas, "como unidade viva, tem uma autonomia própria" (p. 169).

A insistência na especificidade e autonomia da práxis eclesial não pode desconhecer ou tornar insignificante sua determinação histórica. Ellacuría não fala, simplesmente, de autonomia da práxis eclesial. Sua formulação é muito precisa. Fala de uma "certa autonomia", de uma "autonomia relativa". Não obstante sua peculiaridade, a práxis eclesial constitui "um momento dentro de uma práxis histórica mais ampla que a engloba e a totaliza" (p. 169). Essa inclusão da práxis eclesial na práxis total é, para ele, um fato, uma necessidade e uma exigência mesma da fé.

Antes de tudo, um fato: Se

> se aceita que cada práxis histórica tem uma certa unidade – cada práxis histórica e inclusive a práxis total da história universal atual... –, não obstante sua complexidade, não se pode atribuir facticamente ao momento da práxis eclesial nem ser o todo da práxis histórica, nem tão pouco o elemento totalizador, nem sequer ser aquele elemento que "em última instância" fundamenta e determina todos os demais de um modo real e efetivo (pp. 169s).

---

[13] É este "mais" que faz da história "o lugar privilegiado da revelação e da salvación". Não apenas os indivíduos são transcendentalmente abertos. Também a história como tal o é. "Com efeito, a história é o transcendentalmente aberto porque engloba em si a abertura da realidade e da dupla abertura unificada da inteligência e da vontade, da apreensão e da opção. Esta abertura, que em cada ser humano é a abertura transcendental elevada de um 'existencial sobrenatural' (Rahner), é, na totalidade da história, a abertura transcendental elevada de uma historicidade gratuita... É a história mesma, e não só os indivíduos que estão nela, que está chamada a ser história de salvação" (Id. História de la salvación. *Escritos Teológicos I*, cit., pp. 597-628, aqui p. 604).

A práxis histórica total é constituída por múltiplos elementos ou funções (materiais, biológicos, econômicos, políticos, culturais, eclesiais etc.)[14] que se condicionam ou se determinam mutuamente, em maior ou menor proporção. O fato da práxis eclesial *querer ser* a instância totalizadora de sentido e/ou a instância crítica última da história não faz com que *realmente o seja*. Isso "seria uma ilusão puramente idealista que confundiria as construções de sentido com o que é a realidade operante da história" (p. 170). Se passarmos dos princípios abstratos e das meras intenções aos resultados reais de suas aplicações, chegaremos à conclusão de que "não somente outros momentos da práxis histórica são mais determinantes do que ocorre na história" (por exemplo, o econômico), mas que, provavelmente, a práxis eclesial é "mais determinada por outros momentos da história" do que determina estes outros momentos (p. 170).

Mas além de ser um fato, a inclusão da práxis eclesial na práxis total é uma necessidade. "A práxis eclesial, por sua própria índole real, carece de condições materiais para ser a instância dominante do curso histórico" (p. 170). Embora a pretensão de determinar o rumo da história esteja presente e até seja alimentada na comunidade eclesial e a experiência dela em determinados contextos ou circunstâncias tenha dado ou dê a impressão de poder "intervir decisivamente na história", isso não significa que, realmente, tenha determinado e nem mesmo intervindo decisivamente no seu rumo. Na medida em que aumenta o peso real de outras "funções" ou instâncias históricas, essa pretensão além de impossível se torna "ridícula".

Que a práxis eclesial deva incidir na história, e não apenas nos ânimos dos indivíduos e através da conversão das pessoas, não significa que tenha que ser ou possa ser o momento determinante do processo histórico (p. 170).

Finalmente, esta inclusão é uma exigência intrínseca da fé cristã. "A práxis eclesial não tem seu centro em si mesma, nem tão pouco em um Deus alheio à história, mas em um Deus que se faz presente na história" (pp. 170s). O centro da práxis eclesial, como da práxis de Jesus Cristo, é o reino

---

[14] Sobre a estrutura dinâmica da história, com suas forças e seus dinamismos, cf. id. *Filosofía de la realidad histórica*, cit., pp. 564-598.

de Deus e sua realização na história. Realização que se dá, conforme as parábolas evangélicas, a modo de "fermento na massa" e de "sal na comida". Fermento e sal e não massa e comida. Isso mostra que "nem a transcendência da fé nem a necessidade de sua implicação histórica anulam a imanência própria da história, mas que respeitam e apoiam as distintas instâncias autônomas" (p. 171).

De modo que, se por um lado, a práxis eclesial, enquanto "um momento" da práxis histórica total, é por ela condicionada (muito mais do que comumente se aceita); por outro, na medida em que conta com "relativa autonomia" e não tem o seu centro em si mesma, deve pôr-se a serviço dessa mesma práxis histórica total – mas como fermento e sal e não como massa e comida.

D. "O fazer teológico, com efeito, representa, de um modo privilegiado, o momento ideológico da práxis eclesial" (p. 171). A expressão "ideológico", fruto do contexto em que é utilizada,[15] precisa ser bem compreendida. Ela significa, simplesmente, o "elemento consciente e reflexo" da práxis eclesial. Além do mais, embora o fazer teológico seja, por excelência, esse momento consciente e reflexo, certamente não o esgota. "A esse momento pertencem outras atividades como a liturgia, a arte, os exercícios espirituais etc.; mas de modo especial a atividade teológica" (p. 171).

Na medida em que o fazer teológico é um momento da práxis eclesial, que, por sua vez, é um momento da práxis histórica total; na medida em que essa práxis histórica total, atualmente, apresenta-se como uma práxis dividida e conflitiva; o lugar ou posição que a práxis eclesial tomar nessa práxis dividida e conflitiva determinará, em grande parte, sua configuração, bem como do seu momento "ideológico", o fazer teológico. Isso não significa negar a autonomia da práxis eclesial nem do seu momento "consciente e reflexo". Significa, simplesmente, reconhecer que sua autonomia é sempre

---

[15] Esta definição da teologia aparece, pela primeira vez, em 1978. "Eram tempos nos quais predominavam em certos ambientes intelectuais o debate suscitado pela sociologia do conhecimento e pela crítica das ideologias" (ALVARADO, Rolando. Perfil de un teólogo. In: SOBRINO; ALVARADO, op. cit., p. 132). Curioso que, 10 anos depois, embora mantendo a mesma compreensão, já não utiliza a expressão "ideologia". Define a teologia como "uma fé em busca de entendimento e de como realizar historicamente o reino de Deus" (ELLACURIA, Ignacio. Teología de la liberación frente al cambio sócio-histórico em América Latina, cit., p. 317).

relativa, nunca *ab-soluta*. Não reconhecer essa relatividade da autonomia da práxis eclesial supõe, segundo Ellacuría, que "ou não se cai na conta de quanto se está condicionado por um dos focos do conflito" ou que já se está "deliberadamente em um deles". "No primeiro caso a autonomia não se exercita e no segundo essa autonomia se põe conscientemente ao serviço de uma determinada práxis histórica" (p. 172). Não adianta apelar para a totalidade, para além das parcialidades, como se fosse possível atingi-la sem se deixar afetar pelo conflito. Essa solução, além de "hipotética e idealista", é "irrealizável" historicamente. "A pretensão de sair do conflito supõe a pretensão de sair da história, quando não aumentar indiretamente o poder de uma das partes em conflito" (p. 172). Não é possível superar o conflito sem se inserir nele. E não é possível se inserir no conflito a não ser assumindo uma de suas partes. O único modo histórico possível "de situar-se na totalidade é incorporar-se reflexamente em uma das partes contrapostas para reassumir a contraposição e lograr, assim, superá-la" (p. 172). Embora advertindo contra o risco e a tentação de uma divisão maniqueísta da história, na qual de um lado estaria todo o bem e do outro todo o mal, Ellacuría afirma ser possível determinar em cada situação histórica qual a parte ou posição mais configurada pelo princípio do bem e qual a mais configurada pelo princípio do mal. De modo que se, por um lado, não é possível colocar-se acima dos conflitos históricos, por outro, a escolha do lugar que se assume no conflito não é uma escolha arbitrária.

Sendo assim, o "momento ideológico" da práxis eclesial, seu "momento consciente e reflexo", será profundamente condicionado e determinado pelo lugar que a práxis eclesial ocupar no contexto da práxis histórica conflitiva e dividida. Ela poderá se situar de um lado ou de outro. E conforme a posição que ela assuma no conflito, de que lado esteja, seu "momento ideológico" terá uma ou outra configuração. Não é verdade a acusação simplista e abstrata de que a práxis eclesial se move, sempre, "na esfera do ideal, contraposta ao econômico e ao político institucional" e que é, sempre, "uma práxis encobridora, quando não defensora, da dominação e da opressão próprias da exploração capitalista" (p. 172). Essa acusação além de simplificar e reduzir os acontecimentos históricos, acaba universalizando acontecimentos particulares. Nem toda práxis eclesial é idealista e está a serviço da opressão e dos opressores, mesmo que em grande parte tenha sido e continue sendo.

De modo que tanto a "práxis eclesial" como seu "momento ideológico" pode estar de um lado ou de outro. Pode estar do lado do opressor e a serviço da opressão e pode estar do lado dos oprimidos e a serviço de sua libertação. "Atribuir, por tanto, ao fazer teológico um caráter ideológico não implica necessariamente uma acusação, mas sim uma cautela e uma chamada de atenção" (p. 173). Dependendo do lugar em que ele se situe terá uma ou outra configuração. Poderá ser "pejorativamente ideológico" ou "positivamente ideológico". No primeiro caso ou não se "atende a seu caráter de momento da práxis eclesial" ou, consciente ou inconscientemente, "responde a uma práxis eclesial que favorece de fato o lado opressor da práxis histórica". No segundo caso participa "de forma positiva da práxis eclesial", como seu momento consciente e reflexo, e "responde, justifica e apoia aquela práxis que favorece o lado dos oprimidos na construção e estabelecimento de uma terra nova" (p. 173).

Em síntese, o "fazer teológico" é, por excelência, o "momento consciente e reflexo" da "práxis eclesial", que, por sua vez, é um "momento da práxis histórica total". Enquanto "momento" conta com "relativa autonomia". Relativa porque está sempre relacionado e, de alguma forma, sempre condicionado e determinado por uma realidade mais ampla (preocupação central desse item). Autonomia porque tem uma especificidade que o distingue de outros momentos (conforme veremos no item "Relação teoria e práxis na teologia da libertação"). Desse modo, o "fazer teológico" aparece, simultaneamente, como uma ação e um produto eclesial e histórico. Não pode ser efetivado nem compreendido fora dessa relação direta com a práxis eclesial (como seu momento consciente e reflexo) e indireta com a práxis histórica total (através da práxis eclesial da qual é um momento). E assim fica estabelecida a relação constitutiva entre teologia, práxis eclesial e práxis histórica.

## "Que práxis eclesial legitima cristamente o fazer teológico"?

No item anterior, vimos a relação estreita e constitutiva entre o "fazer teológico" e a "práxis eclesial". Enquanto "momento consciente e reflexo", o fazer teológico corresponde, ideologicamente, a uma práxis eclesial, qualquer que seja. Mais além de uma constatação, essa relação é um desafio e um ideal. O fazer teológico deve pôr-se a serviço da práxis eclesial, sempre que esta seja cristã ou em ordem a que a seja: não é um fim em si mesmo, nem tem raízes em si mesmo, mas tão pouco pode subordinar-se a qualquer práxis eclesial (p. 174).

Por esta razão, diz Ellacuría, não basta situar o fazer teológico no contexto histórico da práxis eclesial. É preciso saber que práxis eclesial "proporcionará o máximo de condições para que o fazer teológico seja o mais cristão possível" (p. 174). Trata-se de uma questão, à primeira vista, sem muita relevância do ponto de vista epistemológico. No entanto, se considerarmos que a teologia, conforme vimos anteriormente, é o momento consciente e reflexo da práxis eclesial; que não estamos falando de qualquer teologia, mas de teologia cristã; e que nem toda práxis eclesial é cristã, veremos que a pergunta pela "práxis eclesial que legitima cristamente o fazer teológico" não é uma pergunta desprovida de densidade epistemológica. Ela diz respeito à identidade mesma da teologia cristã e, enquanto tal, ao seu conhecimento.

A resposta à pergunta pela práxis eclesial adequada para um fazer teológico verdadeiramente cristão se dará, aqui, a partir da compreensão e prática comuns da Teologia da Libertação, não obstante seus diferentes matizes e suas distintas formulações.

A. Para encontrar a práxis eclesial adequada é necessário concebê-la a partir e em função da realização do reino de Deus na História. A realização do reino de Deus constitui o centro e a preocupação fundamental da práxis eclesial e, consequentemente, do seu momento ideológico. Esta não é uma afirmação secundária nem desprovida de fundamentos. Pelo contrário. É uma afirmação essencial e fundamental. Suas consequências são determinantes, inclusive, do método teológico. Um dos princípios metodológicos fundamentais da Teologia da Libertação é que "todo fazer eclesial deve realizar-se em prosseguimento do Jesus histórico" (p. 175). E como o fazer teológico nada mais é que o momento consciente e reflexo do fazer eclesial, sua preocupação central não poderá ser outra senão a realização do reino de Deus. Nas palavras de Ignacio Ellacuría, "se o objeto fundamental da missão de Jesus foi o reino de Deus, deve sê-lo também da práxis eclesial e do momento ideológico dessa práxis eclesial" (p. 175).

Com essa afirmação fundamental não está dito, de antemão, o que seja o reino de Deus, como Jesus o entendeu e como deve ser entendido em cada situação histórica. Essas são tarefas a serem desenvolvidas pela teologia.[16] O que aqui está dito é que a realização do reino de Deus constituiu o centro da vida e da missão de Jesus e, consequentemente, deve constituir o centro da vida e da missão da igreja, bem como do seu momento ideológico – o fazer teológico.

Mas embora seja preciso, ainda, determinar o que foi o reino para Jesus e o que deve ser em cada situação, essa determinação não pode ser arbitrária. O reino de Deus que constitui o "Faktun fundamental da teologia cristã" não é outro senão o que foi "anunciado por Jesus", tal como aparece no Novo Testamento, "lido e interpretado [...] desde aquela situação que o próprio Jesus e seu anúncio do reino postulam como situação privilegiada" (p. 176) e prosseguido historicamente. É a partir das exigências históricas da realização do reino de Deus que a práxis eclesial deve ser configurada. A "práxis eclesial adequada", diz Ellacuría, "medirá sua adequação pelo que seja em cada caso a exigência do reino de Deus" (p. 176), isto é, ela deverá se adequar às exigências de realização do reino em cada momento ou situação. De modo que se pode falar, aqui, de uma espécie de "circulação hermenêutica" entre o reino de Deus e a práxis eclesial adequada: o reino se concretiza na práxis adequada e a práxis adequada historiciza o reino. Ambos se condicionam e se reinterpretam "pela presença e pelo influxo do Espírito de Cristo" (p. 176).

O reino de Deus, de que estamos falando, "inclui formalmente a Deus" e "inclui formalmente seu reinado na história", mas "os inclui em uma unidade intrínseca" (p. 176). Deus e seu reinado não são duas realidades contrapostas, separadas ou, mesmo, justapostas. Aqui não há lugar para dualismo ou reducionismo, verticalismo ou horizontalismo. A realidade e o conceito de reino de Deus assumem numa unidade fundamental tudo o que diz respeito à realidade de Deus e tudo o que diz respeito à realização histórica de seu reinado.

---

[16] Cf. id. Recuperar el reino de Dios: desmundanización e historización de la Iglesia. *Escritos Teológicos II*. San Salvador: UCA, 2000, pp. 307-316.

Por ser reino de *Deus*, "apela à totalidade do Deus revelado por Jesus e em Jesus; mas apela a essa totalidade segundo o modo próprio da revelação de Jesus" (p. 177). E aqui se supera todo risco de imanentismo e historicismo. Não se perde nada da chamada transcendência de Deus, embora esta seja entendida a partir de Jesus Cristo – o que nem sempre coincide com as compreensões e especulações que se fizeram sobre ela ao longo da história.[17]

Mas, por ser *reino* de Deus, "apela à história e ao homem como lugar da presença e atuação do Deus de Jesus Cristo" (p. 177). E aqui se supera todo risco de transcendentalismo e espiritualismo. Não se perde nada da chamada imanência nem se compromete sua autonomia, embora esta seja compreendida no horizonte do reino de Deus.

Falar de Deus e do seu reinado, conforme advertimos anteriormente, não são duas tarefas da teologia cristã, como se fosse possível efetivá-las separadamente. O *reino* de *Deus*, em sua unidade intrínseca e constitutiva é, segundo Ellacuría, o único "objeto fundamental" da teologia cristã. De modo que à teologia cristã diz respeito tudo que se refere a Deus e tudo que se refere à realização histórica de seu reinado. Por isso mesmo, afirma, a Teologia da Libertação, enquanto teologia cristã, não pode ser reduzida a uma teologia das questões sociais – uma espécie de doutrina social da igreja. A Teologia da Libertação tem como objeto "a totalidade da fé" – o reino de Deus. Sua preocupação com as questões sociais, com a justiça social, em pé

---

[17] No seu artigo "Historicidad de la salvación cristiana", Ellacuría critica a compreensão que muitas vezes se teve e se continua tendo da transcendência: "Identifica-se o transcendente com o separado e assim se supõe que a transcendência histórica é o que está separado da história. Transcendente seria o que está fora ou além do que se apreende imediatamente como real, de modo que o transcendente seria sempre de outro, o distinto e separado, seja no tempo, seja no espaço, seja em sua entidade. Mas há outro modo radicalmente distinto de entender a transcendência que é mais de acordo com a forma como se apresenta a realidade e a ação de Deus no pensamento bíblico. Este modo consiste em ver a transcendência como algo que transcende 'em' e não como algo que transcende 'de', como algo que fisicamente impulsiona a 'mas', mas não sacando 'fora de'; como algo que lança, mas ao mesmo tempo retém. Nesta concepção, quando se alcança historicamente a Deus [...], não se abandona o humano, não se abandona a história real, mas se aprofunda em suas raízes, torna-se mais presente e eficaz o que já estava efetivamente presente" (Id. Historicidad de la salvación cristiana *Escritos Teológicos I*, cit., pp. 535-596; aqui p. 542).

de igualdade com as questões ditas "religiosas", só se entende e se justifica por sua referência ao *reino* de Deus.[18]

B. É que o conceito mesmo de reino de Deus "é um conceito dinâmico, ao mesmo tempo histórico e trans-histórico". Diz respeito não só à realidade de Deus, mas também à efetivação histórica do seu reinado. De modo que "a realidade do reino de Deus implica, em si mesma, o problema de sua realização. É uma realidade em realização" (p. 178). E uma vez que o problema central da teologia cristã é o reino de Deus, ela terá que se confrontar e assumir seriamente o problema de sua realização histórica com todas as implicações que esse problema acarreta. O aspecto de *realização* do reino de Deus é, portanto, decisivo para a teologia cristã.

Na medida em que a *realização* é um aspecto inerente e constitutivo da realidade e do conceito de reino de Deus, a teologia não poderá se reduzir a uma "pura interpretação" ou a uma "mera busca da verdade" e do "sentido" do reino de Deus. "Sendo tudo isso, tem que ser também algo que deve fazer-se, algo que deve orientar uma realização, a qual deve fazer Deus presente nas condições reais dessa realização" (p. 178).[19] Realização não significa, aqui, a efetivação, sem mais, de um projeto econômico e político. Além de não ter "capacidade" para isso (não dispor das mediações necessárias), não é esta a "função" da práxis eclesial nem do seu momento ideológico no conjunto da práxis histórica. Mas o fato de não ser sua "função" e de não dispor das "capacidades" necessárias, não faz com que qualquer projeto econômico e político ou qualquer conduta seja compatível com o reino de Deus. Embora o reino de Deus, e precisamente por ser de Deus, não se esgote em nenhum projeto concreto, há projetos e condutas que são inconciliáveis com o reino de Deus.

---

[18] Este modo de tratar teologicamente as questões sociais possibilita e proporciona uma nova configuração da Doutrina Social da Igreja. Além de conferir maior densidade teológica e teologal às questões sociais, trata como mais seriedade as mediações teóricas e práticas que subsidiam as respostas que oferece em cada situação, não apenas relativizando-as, mas medindo-as por sua maior ou menor coerência com os postulados históricos do reino de Deus.

[19] Esta compreensão se fundamenta no postulado epistemológico do primado da realidade e da práxis sobre a verdade e o sentido. Cf. a propósito, id. Hacia una fundamentación del método teológico latinoamericano, cit., pp. 187-218.

Tudo isso faz com que a teologia tenha que se *inserir*, através da práxis eclesial, na totalidade da práxis histórica, sendo, aí, fermento do reino de Deus. Esta inserção "compete ao fazer teológico no seu conjunto e só derivadamente aos seus momentos integrantes" (p. 179). É o fazer teológico no seu conjunto que está diretamente vinculado à práxis eclesial, enquanto seu momento consciente e reflexo. No entanto, há momentos e tarefas no fazer teológico que não estão nem precisam estar diretamente vinculados à práxis eclesial. O "imediatismo ativista" e o pragmatismo teológico, diz Ellacuría, "é a ruína da práxis teológica e, em definitiva, de seu aporte relativamente autônomo ao conjunto da práxis histórica" (p. 179).[20]

O caráter práxico (realização) e histórico (inserção) do reino de Deus faz com que o fazer teológico, para além de todo e qualquer imediatismo e pragmatismo, não possa efetivar-se "à margem da experiência histórica nem tão pouco à margem das ciências sociais" (p. 179).[21] Se a "função" da teologia é orientar a realização histórica do reino de Deus, ela não poderá realizar sua função sem considerar o que é "em cada momento a práxis histórica" e quais são "as condições reais para uma reta encarnação de seu esforço nessa práxis histórica" (p. 179). Não se trata, simplesmente, de "ações estratégicas e táticas" que visam interferir no curso histórico. Está em jogo o reino de Deus mesmo, no que ele tem de "concreção histórica".

E aqui se levanta a questão de se a teologia pode ser entendida apenas como "reflexão" e "sistematização" cristãs da práxis histórica. Este é um ponto tenso entre os teólogos da libertação e seus opositores. Fala-se de reducionismos, distorções, incompreensões...[22] Na perspectiva da Teologia da Libertação, duas questões parecem fundamentais.

---

[20] A especificidade e a autonomia do fazer teológico em relação à práxis eclesial serão desenvolvidas no item seguinte.

[21] Para Ellacuría, o lugar e a importância teológicos e teologais das ciências sociais no fazer teológico compreendem-se a partir de dois princípios básicos: "O primeiro é a relação necessária da história da salvação com a salvação na (e da) história; o segundo, consequência do anterior, é a necessidade que o cristianismo tem de mediações históricas – teóricas e práxicas – para desenvolver sua inteligência da fé e sua realização da salvação" (Id. Teorías económicas y relación entre cristianismo y socialismo, cit., pp. 303-312, aqui p. 304).

[22] Cf. id. Estúdio teológico-pastoral de la "Instrucción sobre algunos aspectos de la teologia de la liberación", cit., pp. 396-448.

Em primeiro lugar, "toda teologia deve fazer-se a partir de uma práxis e para uma práxis que seja a realmente exigida pela realização do reino de Deus na história" (p. 180). A dificuldade, aqui, reside em saber o que é o reino de Deus e quais as mediações adequadas à sua realização em cada momento histórico. As divergências surgem imediatamente, seja no que diz respeito ao conceito de reino de Deus, seja no que no diz respeito ao modo de sua realização. A verdade destas divergências, diz Ellacuría, deve ser medida *positivamente*, "segundo sua contradição operativa do que é injustiça e do que é opressão e exploração do homem pelo homem"; e *negativamente*, "segundo a posição que os poderes opressores e exploradores tomem em relação a ela" (p. 180). Trata-se, aqui, de "um critério verificável historicamente". Um critério muito mais seguro que uma mera conformidade com fórmulas teóricas. Afinal de contas,

> um reino de Deus que não entra em conflito com uma história configurada pelo poder do pecado não é o reino do Deus de Jesus, por muito espiritual que pareça; assim como, também, um reino de Deus que não entre em conflito com a malícia e a maldade da existência pessoal tão pouco é o reino do Deus de Jesus (p. 180).

Em segundo lugar, e na medida em que a práxis eclesial é um momento da práxis histórica total, pode-se dizer que a teologia não é apenas uma reflexão sobre a práxis eclesial, mas, também e inclusive, sobre a práxis histórica total – na perspectiva da realização do reino de Deus. Isso não leva, necessariamente, a nenhum tipo de reducionismo. Nem da teologia ao seu aspecto histórico, nem da história à sua dimensão teologal. Afinal, existe apenas uma única história. E esta única história pode ser enfocada sob vários aspectos: "O que importa à teologia é a realização histórica do reino de Deus" (p. 181). Tanto no que ele tem de histórico (mediações), quanto no que ele tem de Deus (transcendência). "Ver a história a partir do reino e com a preocupação operante de sua realização é pôr em contato fecundo dois lugares prenhes de revelação que, em sua unidade, dão a esta sua plenitude e concreção históricas" (p. 181). E essa é a preocupação fundamental da TdL! Mas ainda não se disse tudo.

C. "Se a práxis histórica é uma práxis dividida"; "se nessa práxis histórica dividida se fazem presentes e operantes o reino de Deus e o reino do mal"; "se a práxis eclesial não pode ser neutra com relação a essa divisão e a essa presença operativa"; "se o fazer teológico recebe sua verdade, sua verificação de sua encarnação na verdadeira práxis eclesial, na práxis eclesial verdadeiramente cristã"; "há que se perguntar em que forma de práxis eclesial deve encarnar-se esse seu momento ideológico que é o fazer teológico" (p. 182). Está em jogo, aqui, o *lugar*[23] em que a realidade e a verdade do reino de Deus é mais acessível.

Para Ellacuría, a determinação desse lugar privilegiado, em que o fazer teológico deve se encarnar, dá-se partindo do princípio de que "o lugar privilegiado da teologia é o mesmo que o lugar privilegiado da práxis eclesial" (p. 182) que, por sua vez, não pode ser outro senão o lugar privilegiado da práxis de Jesus. Isso não significa negar a autonomia e a especificidade do fazer teológico enquanto um momento (específico e autônomo) da práxis eclesial. Significa, simplesmente, reafirmar sua vinculação estreita com a práxis eclesial – uma espécie de *connaturalitas* (conaturalidade), para falar como os antigos. Essa vinculação exige do teólogo um "compromisso fundamental" e uma "práxis original".

Para a Teologia da Libertação, esse compromisso e essa práxis "devem ficar determinados pelo que é a Igreja dos pobres ou a Igreja popular e pelo que há de ser, em cada caso, a exigência cristã, tal como se mostra nesta Igreja dos pobres" (p. 182).[24] De fato, esse novo jeito de ser igreja (Igreja dos pobres) e essa nova maneira de fazer teologia (TdL) caracterizam a experiência eclesial mais autêntica e original da América Latina.

Normalmente, reconhece-se a importância do compromisso real com a práxis libertadora dos oprimidos para a Teologia da Libertação. Essa é uma de suas características peculiares. No entanto, "o que não se vê com muita clareza é o que essa inserção representa como momento metodológico essencial do fazer teológico" (p. 183). É claro que a "encarnação" no mundo dos pobres e o compromisso de "descer da cruz os povos crucificados" é

---

[23] Cf. Id. Los pobres, "lugar teológico" en América Latina, cit., pp. 139-161.
[24] Sobre a Igreja dos pobres, cf. nos *Escritos Teológicos II*, "Las bienaventiranzas, carta fundacional de la Iglesia de los pobres", pp. 417-437; "El auténtico lugar social de la Iglesia", pp. 439-451; "Las Iglesia de los pobres, sacramento histórico de liberación", pp. 453-485; "Notas teológicas sobre religiosidad popular", pp. 487-498.

uma exigência evangélico-pastoral e pertence ao núcleo mais fundamental da espiritualidade cristã. Mas com isso ainda não se disse tudo. A "encarnação" no mundo dos pobres não se justifica apenas por razões pastorais. Ela pertence, também, ao trabalho propriamente teológico, "já que sem ela se faz impossível captar adequadamente a realidade" (p. 183). De modo que ela é uma exigência tanto da práxis eclesial, quanto do seu momento ideológico. Uma exigência, portanto, prática (realização do reino de Deus) e teórica (intelecção do reino de Deus).

Por isso mesmo, diz Ellacuría, a "Igreja dos pobres" não é apenas uma alternativa pastoral (uma dentre tantas outras); nem sua teologia (TdL) uma espécie de teologia pastoral para os países subdesenvolvidos. Ela é "o lugar privilegiado da reflexão teológica e da realização do reino de Deus" (p. 183). Não só da realização do reino de Deus, mas também do exercício teórico "que pretende depurar teoricamente essa realização" (p. 183). Evidentemente, essa afirmação fundamental não garante um nível acadêmico[25] de elaboração teórica. Garante, entretanto, "sua orientação certeira na valorização global da mensagem e da práxis cristã" (p. 183).

Esta afirmação de que a Igreja dos pobres é o lugar privilegiado da práxis eclesial e de sua reflexão teológica parece, à primeira vista, desconsiderar ou desvalorizar a realidade e a práxis das igrejas do primeiro mundo. Afinal, elas têm problemas próprios e formas próprias (práticas e teóricas) de respondê-los. Não seria "uma limitação e uma imposição terceiromundista o querer reger a práxis eclesial e a teologia pelo que é a Igreja dos pobres" (p. 184)?

Tanto a afirmação quanto sua problematização é, já, para Ellacuría, uma conquista da Teologia da Libertação. Ela supõe o reconhecimento de que "a teologia europeia não é a teologia por antonomásia" (p. 184). Mas além de uma conquista, é um desafio. Desafio de se justificar prática e teoricamente,

---

[25] Para Ellacuría, a profundidade e o rigor de uma formulação teórica não se identificam sem mais com sua elaboração acadêmica. Mais ainda. A elaboração acadêmica não é, sequer, uma condição indispensável para a profundidade e o rigor teóricos. E "isto não é voltar a substituir o necessário exercício da inteligência por piedosismos e voluntarismos; precisamente, porque os problemas são de tal seriedade e complexidade que se requer um soberano esforço intelectual" (p. 184).

de explicitar sua relevância cristã e sua consistência teórica. Desafio, enfim, de se regular e se adequar às exigências de uma Igreja dos pobres.

No que diz respeito ao desafio de se justificar, duas razões fundamentais precisam ser consideradas: A primeira é que o lugar privilegiado da revelação bíblica, no seu conjunto, "é o que pode denominar-se o mundo dos pobres e dos oprimidos" (p. 184). E isso tanto pelo contexto histórico em que ela acontece, quanto pelos seus destinatários privilegiados. A segunda é que a situação atual da imensa maioria da humanidade é de pobreza e de opressão. E se a Igreja quer, realmente, ser católica e universal, deverá atender prioritariamente aos pobres e oprimidos. Consequentemente, se a teologia pretende "uma certa universalidade, mesmo que seja histórica, deverá tomar muito em conta o que é essa situação" (p. 185). Uma terceira razão poderia, ainda, ser considerada. A situação real das igrejas localizadas no primeiro mundo é marcada pelo pecado de seus países, enquanto "responsáveis mais ou menos diretos – por cumplicidade ou por omissão – do que ocorre de maneira trágica e massiva na maior parte do mundo" (p. 185). Por isso mesmo, Ellacuría convoca, profeticamente, às igrejas do primeiro mundo a levarem a sério a parábola do samaritano: "Não aconteça que, ocupada em tarefas mais elevadas e religiosas, passem distante do próprio Jesus crucificado na história" (p. 185)!

Em síntese, 1. "se a teologia se entende a si mesma como momento ideológico da práxis eclesial"; 2. "se a práxis eclesial toma partido na práxis histórica universal por aquela parte que sofre o pecado e a injustiça do mundo"; 3. "se essa práxis eclesial é a de uma igreja dos pobres, que tenta por seus meios próprios a realização do reino de Deus na história"; 4. "então, o fazer teológico, cujo objeto fundamental será o reino de Deus e seu objetivo radical a realização desse reino, estará em ótimas condições para realizar cristamente sua tarefa própria" (p. 185).

## "Relação teoria e práxis na teologia da libertação"

Depois de termos visto que a teologia é, por excelência, o "momento consciente reflexo da práxis eclesial" (um momento, portanto!); que a práxis eclesial adequada a um fazer teológico verdadeiramente cristão é a que se adéqua às exigências históricas da realização do reino de Deus; e que essa práxis eclesial adequada é a da Igreja dos pobres; resta-nos explicitar como se dá, efetivamente, a *relação* entre a *práxis eclesial* ("práxis teologal") e o *fazer teológico* ("teoria teológica"). E o faremos, com Ellacuría, a partir da relação teoria e práxis na Teologia da Libertação.

A. Embora não haja uma identificação, sem mais, entre a "teoria teológica" e a "práxis teologal", suas relações são "necessárias e mutuamente determinantes".[26] Por *teoria teológica* Ellacuría entende "o máximo exercício racional e 'científico' possível" sobre o reino de Deus (p. 235), que é seu objeto englobante. Por *práxis teologal* entende a realização histórica do reino de Deus.

Embora a teoria seja *um momento* da práxis – "de uma práxis unitária da qual recebe sua última determinação" (p. 235) –, ela tem uma *autonomia relativa* que, se não for respeitada e desenvolvida, faz com que a própria práxis, como totalidade, "fica empobrecida". É verdade que em toda e qualquer práxis existe algum nível ou modo de teoria. Mas sua potenciação ao máximo nível de racionalidade "é um *desideratum* sem o qual a práxis fica empobrecida e muitas vezes gravemente desviada" (p. 236).

No caso específico da relação entre práxis e teoria cristãs, "sempre se manteve e é necessário continuar mantendo a codeterminação e a coerência vigilantes e vigiadas na teoria teológica e na práxis teologal" (p. 236). E isso tanto por causa dos seus efeitos políticos ou sociais "na configuração da marcha social", quanto pela necessidade de encontrar "o máximo de verdade e de santidade" numa e noutra.

Essa necessidade e co-determinação não é apenas uma questão de fato, de mera constatação. É, ademais, "um ponto essencial tanto para a riqueza do trabalho teórico quanto para a retidão da práxis" (p. 236). O problema está no risco de "desvio", seja da teoria seja da práxis. A teoria pode ser desviada pela prática, assim como pode estar a serviço de uma prática desviada.

---

[26] Id. Relación teoria y práxis em la teologia de la liberación, cit., p. 235. A partir de agora, os números entre parênteses, sem outra indicação, remetem a páginas deste artigo.

A práxis teologal correta não apenas "*permite* ou possibilita a realização de um discurso teológico correspondente"[27] – seja pelo "sujeito comum",[28] seja pelo "objeto comum",[29] seja, ainda, pelo fato de ser assumida pela teoria sob a forma de questão[30] – como pensa Clodovis Boff. Além de permitir ou possibilitar, ela *promove* "um discurso teológico não puramente formal" e *potencia* teoricamente esse discurso "a partir do nível das apreensões primordiais que é o ponto de arranque e o ponto final do inteligir humano" (p. 237). Sem dúvida nenhuma, Boff percebe aspectos muito importantes da relação teoria-práxis. Mas isso não é tudo. Do "permitir" ao "promover", diz Ellacuría, existe uma grande diferença. Isso não significa desconhecer ou suprir "a capacidade intelectual e a metodologia teológica" (p. 237). Elas têm sua especificidade e sua função próprias. Significa, simplesmente, reconhecer que é na "práxis teologal" onde

> se dão as apreensões primordiais histórico-transcendentes que põem em contato e atualizam a realidade em questão, a qual não apenas oferece problemas reais, mas a realidade dos problemas e, mais ainda, a realidade histórico-transcendente que traça e orienta os caminhos de solução (p. 273).

---

[27] BOFF, Clodovis. *Teologia e prática*: a teologia do político e suas mediações. Petrópolis: Vozes, 1993, p. 291. Boff está falando da relação entre "lugar social e lugar epistêmico". Ele se afasta do que chama de "posições extremas" – "não há relação alguma" e "existe uma relação direta e íntima" – e propõe, com M. de Certeau, pensá-la através dos conceitos de "permissão" e de "interdição". No desenvolvimento destas categorias chega à seguinte conclusão: "O engajamento político por uma causa dada no seio de um grupo ou classe definidos, se de um lado não garante a qualidade interna de uma teoria teológica, constitui, certamente, do outro, a condição necessária que permite a esta mesma teoria teológica a escolha de um objeto teórico determinado e adequado (temática), bem como a de um estilo proporcionado à sua comunicação" (ibid., pp. 294s).

[28] Aqui, a interferência se dá "pelo *estilo* da linguagem que reveste uma teoria teológica. Neste sentido é interessante constatar como as opções políticas prévias deixam suas marcas no modo de escritura de um teórico social e mais ainda de 'teólogo político'... Estas marcas se observam no torneio das frases, na escolha do léxico e dos exemplos, na ênfase dos temas, na relação aos destinatários da palavra etc." (ibid., p. 294).

[29] "O 'que-fazer' político torna-se então e ao mesmo tempo o 'que-pensar' teológico. A posição prática fornece à teoria os 'materiais' de seu trabalho" (ibid.).

[30] "A Práxis faz parte da Teoria sob a forma de problemas, de vontade de mudança, de busca, de desejo ou de utopia, numa palavra, essencialmente como questão" (ibid., p. 362).

A teoria teológica correta, por sua vez, é "elemento essencial para que a práxis teologal seja o que deve ser" (p. 237). De modo que se pode falar, aqui, de um "círculo de determinação" entre a práxis teologal e a teoria teológica. Determinação que é decisiva tanto para a "retidão do fazer teologal", quanto para a "riqueza do fazer teológico". Se tomarmos em consideração a teoria teológica usual na América Latina durante tantos séculos, perceberemos que "não apenas descuidou de pontos essenciais da mensagem cristã", mas que conduziu a "práticas teologais não cristãs", seja no âmbito pessoal, seja no âmbito social (p. 237). Certamente, uma teoria teológica "mais rica e correta" pode tanto "corrigir" os desvios da práxis teologal, quanto "impulsionar" essa mesma práxis à historicização do reino de Deus.

De modo que, embora a teoria não tenha, sempre e necessariamente, sua origem diretamente na práxis nem a relação entre ambas seja, necessariamente, uma relação dialética, sua mútua determinação pode propiciar um avanço tanto para a teoria quanto para a práxis – "desde que se assegurem as condições teóricas e práticas do mesmo" (p. 238). Entretanto, se falta "talento teológico", "conversão pessoal" ou "lucidez prática", o avanço, seja da teoria seja da práxis, ficará comprometido. É possível que exista uma teoria que não esteja relacionada a uma "práxis real"; assim como é possível que um teólogo receba sua inspiração de uma práxis da qual não participa diretamente. Mas mesmo nestes casos se dá algum nível de relação com a práxis. No primeiro caso, a teoria estaria ligada a uma "práxis imaginada". No segundo caso, o teólogo manteria algum nível de relação com práxis que inspira sua teoria. Em todo caso, "se a práxis é adequada e as potencialidades teóricas são suficientes, está-se na melhor condição para uma potenciação mútua em contínuo progresso" (p. 238). A práxis correta fornece à teoria a "riqueza da realidade". A teoria correta fornece à práxis a "retidão real".

B. A partir da relação teoria e práxis, tal como foi proposta acima, o problema da relação ortodoxia e ortopráxis ganha uma nova configuração.

A *ortodoxia* de um pensamento teológico não pode ser medida, apenas, "por sua conformidade com a lei e, derivadamente, com a tradição e o magistério". Ela precisa ser medida a partir "do todo da fé devidamente hierarquizado" (p. 239). Aqui está em jogo o problema da "riqueza" da realidade da fé. *Negativamente*, ela exige, em primeiro lugar, "que não haja nada no pensamento teológico que contradiga ou que desvirtue o que é revelado e o que é dogmaticamente definido"; e, em segundo lugar, que não haja nada "que contradiga ou desvirtue outros elementos do ensinamento da Igreja" (p. 239). *Positivamente*, ela exige muito mais, pois se não oferece "a plenitude da fé nas possibilidades de uma determinada situação histórica, [...] está truncando, de fato, a fé e [...] está desorientando positivamente aos que vivem nessa situação" (p. 239).

A ortopráxis teologal não é apenas uma derivação da ortodoxia teológica. Ela "tem sua própria autonomia e independência" e, ademais, converte-se "em princípio da ortodoxia teológica" (p. 239). Não se trata, simplesmente, de saber o que é mais importante: "se a confissão explicita da fé ou a prática moral correta" (p. 239). Trata-se, aqui, de uma questão estritamente epistemológica, a saber, da relação teoria-práxis. Relação que é fundamental para que tanto a teoria quanto a práxis sejam o que devem ser e deem de si o que podem dar.

É verdade que a ortopráxis teologal tem, primariamente, uma "certa autonomia" com relação à ortodoxia teológica, uma vez que "seus momentos originantes" – "a fé e a consciência" – não provêm da ortodoxia teológica. E esta ortopráxis teologal é o que é próprio da *Igreja dos pobres*, "rica em graça e realidade, tanto em fé e consciência quanto em experiência histórica" (p. 240). Essa é sua riqueza. E é com ela que participa, fecunda e renova a ortodoxia teológica. Autonomia não significa, aqui, autossufuciência e independência, sem mais. Por isso fala de "certa autonomia". Afinal, a ortopráxis teologal pode ser "retificada" e "potenciada" pela ortodoxia teológica, desde que provenha da práxis teologal correta e a ela se refira. Mas a teoria também pode "paralisar ou substituir" a práxis. Por isso mesmo, diz Ellacuría, "a ortopráxis, no que tem de histórica e no que tem de transcendente, pode e deve ser medida, tanto pelas ciências sociais quanto pelo próprio quefazer teológico" (p. 240).

C. Embora a teoria teológica seja um momento constitutivo da práxis teologal, seu momento consciente e reflexo, ela não se reduz a uma reflexão sobre essa práxis, "sobretudo se esta se reduz ao que realiza uma determinada comunidade, em uma determinada situação". Ela é "mais que uma reflexão teológica sobre uma determinada práxis histórico-teologal" (p. 240).

A teoria teológica requer, além da práxis histórico-teologal, a reflexão. E isso "já no nível da pastoral", mas também "como passo intermediário para uma teoria teológica". Além do mais, tem um objeto muito maior que uma determinada práxis. Sem falar do "aparato teórico que supera as características técnicas do que pode dar de si uma reflexão" (p. 241). O *objeto* da teoria teológica é o reino de Deus, tal como "vem se dando e se dará na totalidade da história da salvação" (p. 241), mesmo que a ele se asceda a partir de sua realização histórica em uma determinada práxis teologal. Ellacuría fala, aqui, de *objeto menor* (uma determinada práxis teologal) e *objeto maior* (a totalidade do reino de Deus no que tem de Deus e no que tem de realização histórica do seu reinado). Quanto ao *aparato teórico*, diz, "exige hábitos, métodos, capacidades e conhecimentos bastante específicos e desenvolvidos" (p. 241).

Mas o fato de não de se reduzir a uma reflexão teológica sobre uma determinada práxis teologal, não minimiza a importância dessa práxis que é, ademais, "lugar de verificação da verdade total que compete à teoria teológica" (p. 241). Por esta razão, Ellacuría não aceita, sem mais, a afirmação de Clodovis Boff de que "a tese da práxis como critério de verdade está vinculada ao empirismo e conduz ao pragmatismo".[31] Afinal, uma teoria que não seja verificável na práxis "carece ao menos de uma de suas dimensões essenciais que é a historicidade" (p. 241). É claro que esta verificação não se dá sempre de forma direta e imediata. Mas na medida em que a teoria teológica é "um modo de teorização" da práxis teologal – que é uma práxis salvífica – "tem que encontrar alguma forma de verificação histórica desse caráter salvífico" (p. 241). Mesmo que a historicidade da salvação pertença, formalmente, à práxis teologal e não à teoria teológica, uma vez que esta é um momento daquela, está marcada por sua historicidade. Além do mais, uma teoria teológica que não tenha nenhuma relevância histórica, além de "despotenciar a práxis teologal requerida, deixa de ser um *intellectus fidei* para ser um estudo de inoperatividades" (pp. 241s).

Entre a teoria teológica ("lugar de iluminação e de retificação") e a práxis teologal ("lugar de verificação") existe, portanto, não um "círculo vicioso", mas um "círculo virtuoso". Com isto não se afirma que a práxis teo-

---

[31] Ibid., pp. 388; cf, pp. 335ss.

logal seja o único ou o principal critério da teoria teológica. Existem outros critérios como a "revelação", o "magistério", a "coerência racional interna", etc. O que se afirma é que "a práxis teologal é também critério de uma das dimensões essenciais da teologia como iluminadora e potenciadora da fé" (p. 242). E quanto mais rica for a práxis teologal, mais ela potenciará a teoria teológica e, ao mesmo tempo, mostrará que teologia se conforma mais às exigências da fé em uma determinada situação. O que se quer afirmar, aqui, é que a práxis teologal é um dos critérios da teoria teológica. Não o único nem o principal, mas um critério essencial. É que "a verdade que se busca no conhecimento tem múltiplas dimensões que não se esgotam, por exemplo, na coerência interna, no rigor da argumentação etc." (p. 242).[32]

D. A Teologia da Libertação, enquanto teoria, diz Ellacuría, está ordenada a uma práxis de libertação histórico-transcendente. E nesta práxis, continua, "pode e deve tomar verificação histórica". Ela não é seu "único critério", mas é um "critério necessário".

Essa orientação da teologia à libertação histórico-transcendente é um "postulado razoável e justificável". Embora a realização histórica do reino tenha "aspectos importantes que não são de imediata verificação", tem aspectos "que são de alguma maneira verificáveis, seja de maneira direta (os mais referidos à história), seja de maneira indireta (os mais referidos à transcendência)" (p. 243).

Além do mais, se uma teoria libertadora não se corresponde com alguma forma de libertação historicamente verificável, ela se revela formalmente vazia, quando não, falsa. A insistência, inclusive nos assuntos mais referidos à transcendência, na sua relação com o ser humano possibilita a constatação do vazio formal ou da falsidade de uma teoria teológica: "Se produz os efeitos contrários ao que se disse que deve produzir, estaríamos obrigados a mudar a teoria. Se produz efeitos alheios ao que se disse que deve produzir, estaríamos obrigados a corrigir a teoria" (p. 244). Isso, sem falar nos temas que, por estarem diretamente vinculados com a práxis, encontram nela seu

---

[32] Ellacuría faz referência, aqui, tanto à teoria de Aristóteles dos distintos modos de saber (*Metafísica*) e dos distintos modos de ciência (*Ética a Nicômaco*), quanto à teoria de Zubiri das várias dimensões da verdade (*Sobre la esencia*).

"melhor corretivo teórico". É o caso da "opção preferencial pelos pobres" e da perspectiva da libertação em geral, no que ela tem de histórica.

A insistência no fato de a práxis ser um critério da teoria não nega que "existam outros critérios que não são formalmente a práxis" (p. 244). Ater-se exclusivamente ao critério da práxis é empobrecedor na medida em que deixa de lado outros "elementos essenciais" para a normatividade da práxis eclesial, inclusive no seu momento ideológico. Mas "a insuficiência do critério da práxis" não pode levar ao desconhecimento do seu "caráter de necessidade" que, ademais, incide, de muitas formas, sobre os outros critérios, "pois nenhum deles deixa de ser histórico, embora não se reduza a ser histórico" (p. 245).

Em síntese, 1. embora a teoria teológica e a práxis teologal não se identifiquem, "suas relações são necessárias e mutuamente determinantes"; 2. partindo desse ponto de vista, o problema da relação ortodoxia e ortopráxis pode receber uma nova abordagem; 3. apesar de sua referência essencial e fundamental à práxis teologal, a teoria teológica não se reduz a uma reflexão sobre ela; 4. enquanto teoria, a Teologia da Libertação está ordenada a uma práxis de libertação histórico-transcendente que se converte, ademais, em *um* critério normativo dela.

## A modo de conclusão

Para Ignacio Ellacuría, a *identidade da teologia cristã*, no que ela tem de mais fundamental, precisa ser considerada tanto do ponto de vista da *especificidade do "fazer teológico"*, enquanto uma atividade entre outras, quanto do ponto de vista de sua *especificidade cristã*.

No que diz respeito ao "fazer teológico", enquanto uma atividade específica, ele é compreendido como o "momento ideológico da práxis eclesial", isto é, como seu momento "consciente e reflexo" por excelência. Essa compreensão da teologia supõe tanto sua vinculação e dependência à práxis eclesial, quanto sua autonomia enquanto uma atividade específica.

No que diz respeito à especificidade cristã da teologia, é necessário, por um lado, que a práxis da qual ela constitui o momento ideológico seja uma práxis adequada às exigências do reino de Deus, e, por outro, que ela esteja a serviço dessa mesma práxis adequada.

Desse modo, a práxis eclesial adequada e o fazer teológico adequado se condicionam e se determinam mutuamente sem que esse condicionamento e essa determinação prescindam ou anulem a especificidade e a função próprias de cada um.

Esperamos que essa aproximação à teologia de Ellacuría nos ajude a configurar a práxis eclesial na qual estamos inseridos às exigências históricas da realização do reino de Deus (com tudo o que isso supõe, implica e significa), ao mesmo tempo em que nos ajude a adequar nossa teologia (enquanto uma atividade específica, com características, exigências e métodos próprios) a essa práxis eclesial adequada.

# 6

# Teologia e martírio: nos 20 anos do martírio de Ignacio Ellacuría[1]

Vinte anos se passaram do martírio de Ignacio Ellacuría, seus cinco companheiros jesuítas (Martín-Baró, Amando Lopez, Ramón Moreno, Segundo Montes e López y López) e as duas mulheres que buscavam um refúgio seguro em sua casa (Elba e Celina) na Universidade Centro-americana de El Salvador: 16 de novembro de 1989. Uma série de acontecimentos eclesiais, acadêmicos e sociais, sobretudo em El Salvador, celebra, agradecida e comprometidamente, sua entrega radical às "maiorias populares" e aos "povos crucificados" na realização histórica do reinado de Deus, cuja prova de fogo é sempre a justiça aos pobres e oprimidos deste mundo. Com este artigo, queremos nos associar também a esta celebração, recolhendo as intuições fundamentais de seu quefazer teológico, particularmente no que diz respeito ao método da Teologia da Libertação (TdL), explicitadas e desenvolvidas em nossa tese doutoral publicada em 2010 pelas Edições Loyolas: "A teologia como intelecção do reinado de Deus – o método da teologia da libertação segundo Ignacio Ellacuría".

Na verdade, dificilmente se pode falar do martírio de Ellacuría sem falar de sua atividade intelectual, sobremaneira de sua atividade teológica. É que seu martírio (assassinato – entrega) está de tal modo vinculado a essa atividade, que sem ela perde sua especificidade e concreção histórica. E tanto no que diz respeito ao *como* de sua atuação ou entrega (atividade intelectual), quanto, sobretudo, no que diz respeito ao *porquê* de seu assassinato (conteúdo e consequências dessa atividade intelectual). Não sem razão, fala-se de Ellacuría como "teólogo-mártir" ou como "mártir-teólogo": entregou

---

[1] Publicado na revista *Perspectiva Teológica* 41 (2009) 395-412 com o título "Sobre o método da teologia da libertação: nos 20 anos do martírio de Ignacio Ellacuría".

sua vida *no* (não ao!) labor intelectual/teológico e foi assassinado por causa desse mesmo labor: seu conteúdo e suas consequências.

Daí porque queremos fazer memória de Ellacuría (III), por um lado, explicitando o vínculo constitutivo, em sua vida, entre teologia e martírio (I) e, por outro lado, recolhendo uma de suas contribuições/heranças mais importantes e originais: seu aporte à explicitação e à fundamentação do método da teologia da libertação (II).

## Teologia e martírio

O martírio é uma das marcas da Igreja latino-americana, particularmente, da Igreja salvadorenha. E com uma característica muito própria: não diretamente por causa da confissão explícita da fé, mas por causa da vivência da fé e do compromisso com os pobres e oprimidos que ela implica. A lista dos assassinados nas últimas décadas na América Latina na luta pela justiça, pelo direito dos pobres e oprimidos é imensa.[2] Mais que mártires da fé, explicitamente confessada, são mártires da justiça do reinado de Deus num mundo de miséria e opressão – mártires dos pobres e oprimidos!

Por esta razão, o martírio não apenas se tornou uma problemática central na TdL, de modo especial na TdL salvadorenha, mas adquiriu com ela uma nova compreensão e formulação.[3] Nas palavras de Jon Sobrino, um dos teólogos que mais tem se confrontado teologicamente a essa problemática,

mártir não é só nem principalmente o que morre *por* Cristo, mas o que morre *como* Jesus; mártir não é só nem principalmente o que morre *por*

---

[2] Cf. martirológio latino americano: <http://www.servicioskoinonia.org/martirologio>.

[3] Cf. SOBRINO, Jon. De una teología solo de la liberación a una teología del martírio. In: COMBLIN, José; GONZÁLEZ FAUS, José Ignacio; SOBRINO, Jon. *Cambio social y pensamiento cristiano en América Latina*. Madrid: Trotta, 1993, pp. 101-121; Id. *Jesus, o Libertador*: a história de Jesus de Nazaré. Petrópolis: Vozes, 1996, pp. 366-390; TOJEIRA, José Maria. *El martírio ayer y hoy*: testimonio radical de fe y justicia. San Salvador: UCA, 2005; número monográfico da *Revista Concílio* 299 (2003/1): "repensando o martírio"; WECKEL, Ludger. *Um des Lebens willen*. Zu einer Theologie des Martiriums aus befreiungstheologischer Sicht. Meinz: Matthias-Grünwald, 1998.

*causa* de Cristo, mas o que morre *pela causa* de Jesus [...]. O essencial do martírio está na afinidade com a morte de Jesus.[4]

Mas não é essa a questão que nos interessa no momento. Não vamos tratar aqui da experiência martirial da Igreja latino-americana nem da compreensão e formulação que essa experiência recebeu na TdL. São, sem dúvida, questões importantes e centrais na TdL e, concretamente, na teologia de Ignacio Ellacuría.[5] Mas o que nos interessa aqui é mostrar como na vida de Ellacuría sua atividade teológica e seu martírio se implicam e se co-determinam: entregou sua vida no labor intelectual/teológico e foi assassinado por causa desse mesmo labor.

Certamente, Ellacuría não entregou sua vida à TdL – não morreu por ela!!! – e, por isso, não é, em sentido estrito, um mártir da teologia da libertação. Como bem disse Manuel Fraijó, num escrito em homenagem a Ellacuría,

> nenhuma teologia merece que alguém morra por ela [...]. Nem dom Romero, nem Ellacuría, nem seus companheiros morreram pela teologia da libertação. Morreram pela libertação sem mais. Foram assassinados porque lutavam para implantar a boa nova libertadora do Evangelho em suas terras depauperadas. A TdL foi apenas o marco teórico em que articularam a práxis libertadora que animou suas vidas.[6]

Falando do mais importante e decisivo na vida de Ellacuría, dizia Jon Sobrino na carta que escreveu a ele por ocasião do primeiro aniversário de seu martírio:

---

[4] SOBRINO, op. cit., p. 385:

[5] Cf. ELLACURÍA, Ignacio. El pueblo crucificado. Ensayo de soteriología histórica. *Escritos teológicos II*. San Salvador: UCA, 2000, pp. 137-170; Id. Persecución, cit., pp. 585-587; Id. Un mártir en El Salvador, cit., pp. 663-665; Id. Monseñor Romero: un enviado de Dios para salvar a su pueblo. *Escritos Teológicos III*. San Salvador: UCA, pp. 93-100; Id. La UCA ante el doctorado concedido a monseñor Romero, cit., pp. 101-114 ; Id. Memória de monseñor Romero, cit., pp. 115-116.

[6] FRAIJÓ, Manuel. Teología de la liberación: elogio y preguntas. In: GIMBERNAT, José A.; GÓMEZ, Carlos. *La pasión por la libertad*: homenaje a Ignacio Ellacuría. Estella: Verbo Divino, 1994, pp. 213-242, aqui p. 214.

Serviste na UCA, mas não ultimamente à UCA. Serviste na Igreja, mas não ultimamente à Igreja. Serviste na Companhia de Jesus, mas não ultimamente à Companhia de Jesus. Quanto mais cheguei a te conhecer, mais cheguei à convicção de que serviste aos pobres deste país e de todo Terceiro Mundo e de que este serviço foi o que deu ultimidade à tua vida. Eras discípulo fiel de Zubiri, filósofo e teólogo da libertação, teórico de movimentos políticos populares, mas não lutavas por essas teorias como se fossem um "dogma". Antes, mudavas teus pontos de vista – tu, inflexível – e quando o fazias, fazias por uma única coisa: a tragédia dos pobres. Por isso, penso que se algum "dogma" inamovível tiveste, este foi apenas um: a dor dos povos crucificados.[7]

Dito isto, convém explicitar e insistir no modo concreto em que Ignacio Ellacuría serviu aos pobres, entregou sua vida a eles e por eles foi assassinado. Aqui está, certamente, uma das peculiaridades de seu martírio. Ellacuría nem foi pároco, nem coordenador pastoral, nem líder de partido, nem dirigente de movimento ou organização popular. Foi filósofo, teólogo, analista político, reitor da Universidade Centro-americana "José Simeón Cañas", escritor, conferencista e um dos analistas e mediadores mais importantes da guerra civil salvadorenha entre 1980 e 1989. Foi, fundamentalmente, um homem da palavra. Essa era sua "arma", sua "espada".[8] Estava convencido da força e do poder da "palavra eficaz", modo próprio da atuação intelectual. O poder da palavra, dizia,

> se apoiará, antes de tudo, no que tenha de racionalidade e [no caso da universidade] de cientificidade. O saber se torna cada vez mais um poder, sobretudo se esse saber é, por sua própria natureza, efetivo; e será efetivo quando proponha os meios melhores e mais eficazes para determinados fins, quando proponha as melhores soluções para problemas urgentes.[9]

---

[7] SOBRINO, Jon. Misericordia ante un pueblo crucificado y fe en el Mistério de Dios. In: Id. *Cartas a Ellacuría*: 1989-2004. Madrid: Trotta, 2004, pp. 29-35, aqui p. 30.

[8] Cf. Is 49,2; Sb 18,15s; Ef 6,17; Hb 4,12s; Ap 1,16; 2,12.16; 19,15.21.

[9] ELLACURÍA, Ignacio. Diez años después, es posible una universidad distinta? *Escritos Universitários*. San Salvador: UCA, 1999, pp. 49-92, aqui p. 62.

E, neste sentido, não há dúvida da *eficácia* da palavra de Ellacuría.

Essa eficácia pode ser comprovada tanto em seus escritos e discursos (seja no que têm de análise da realidade, seja no que têm de propostas de enfrentamento dos problemas),[10] quanto, sobretudo, na repercussão que eles tinham e nas reações que provocavam (seja entre os pobres e suas organizações, seja entre as elites e suas forças político-militares). Ninguém ficava indiferente a eles; não tinha como não tomar posição. Para uns, eram *boa notícia*: "uma mulher do povo disse ao padre Ellacuría que desde dom Romero ninguém tinha falado tão claro nem os tinha defendido tanto como ele".[11] Para outros, eram *má notícia*: "grupo de cérebros satânicos conduzidos por Ellacuría"; "Ellacuría é um guerrilheiro, que cortem sua cabeça"; o próprio vice-presidente do país acusa Ellacuría em cadeia nacional de rádio de "ter envenenado as mentes dos jovens salvadorenhos na UCA e no Externato San José".[12]

É neste contexto que se compreende a reação e os ataques cada vez mais intensos contra a UCA e, em particular, contra Ignacio Ellacuría – seu reitor de 1979-1989 e seu porta-voz mais qualificado e autorizado: ameaçaram-lhe negar o visto de permanência; foi impedido de entrar no país; teve que abandonar o país às pressas sob proteção da embaixada espanhola; depois de nacionalizado, enfrentou campanha para destituí-lo da cidadania salvadorenha e um projeto no parlamento de criação de uma comissão especial para investigar sua atividade em El Salvador; foi caluniado e ameaçado de morte várias vezes em televisão, rádio e jornal; escapou por questão de segundos de um atentado a bomba na UCA; e foi, finalmente, assassinado com outros cinco jesuítas, a cozinheira de sua comunidade, Elba, e sua filha, Celina.[13]

---

[10] Cf., especialmente, id. *Veinte años de historia en El Salvador (1969-1989)*: escritos Políticos. San Salvador: UCA, 1993 – nada menos que 1.897 páginas! Aí, analisa, sob os mais diversos aspectos, a realidade salvadorenha e apresenta proposta de enfretamento e superação dos problemas.

[11] CARRANZA, Salvador. *Martires de UCA*: 16 de novembro de 1989. San Salvador: UCA, 2001, p. 79.

[12] DOGGETT, Marta. *Una muerte anunciada*: El asesinato de los jesuítas en El Salvador. San Salvador: UCA, 1994, pp. 502s.

[13] Sobre os "ataques aos jesuítas de El Salvador", cf. ibid., pp. 491-505.

É claro que Ellacuría não era o único alvo da perseguição nem os demais jesuítas e companheiros de trabalho na UCA foram perseguidos simplesmente por tabela. Mas não há dúvida de que ele era uma figura central no tipo e modo de atuação dos jesuítas e da UCA em El Salvador e, consequentemente, era o alvo principal da perseguição. Tanto que, na reunião em que foi tomada a decisão final da chacina na UCA, na noite de 15 de novembro, a ordem expressa dada ao coronel Benevides era "eliminar o padre Ellacuría sem deixar testemunhas"[14] e, segundo algumas versões, numa reunião realizada na manhã do dia 16 de novembro na sede na Direção Nacional de Inteligência, os presentes "celebraram e aplaudiram" o anúncio feito pelo capitão Herrera de que "o padre Ellacuría estava morto".[15]

Ellacuría não foi assassinado, simplesmente, porque era um grande intelectual – o "rei sol", como era chamado já durante os estudos de teologia em Innsbruck[16] – e porque se dedicava à atividade intelectual. Foi assassinado pelo tipo de intelectual que era (fiel companheiro/seguidor de Jesus Cristo) e pelo tipo de atividade intelectual que desenvolvia (defesa do direito dos pobres e oprimidos num contexto extremo de pobreza, injustiça e violência). Em fidelidade ao Evangelho de Jesus Cristo, entregou sua vida *aos* pobres e oprimidos de El Salvador *através* do labor intelectual/teológico e foi assassinado por causa do conteúdo (direito dos pobres e oprimidos) e das consequências ("palavra eficaz") desse mesmo labor. *Só* neste sentido, pode-se falar de Ellacuría como mártir ou "proto-mártir da teologia da libertação" (C. Boff).[17]

---

[14] Ibid., p. 422.

[15] Ibid., p. 115.

[16] Cf. CODINA, Victor. Ignacio Ellacuría, teólogo y mártir. *Revista Latinoamericana de Teología* 21 (septiembre-diciembre 1990), pp. 263-269, aqui p. 263.

[17] BOFF, Clodovis. Epistemología y método de la teología de la liberación. In: ELLACURÍA, Ignacio; SOBRINO, Jon. *Mysterium Liberationis*: Conceptos fundamentales de la teología de la liberación. Tomo I. Madrid: Trotta, 1993, pp. 79-113, aqui p. 98. A propósito do assassinato dos jesuítas, escrevia Pablo Richard: "Os seis sacerdotes formavam uma equipe que refletia, ensinava, escrevia no interior do processo de libertação do povo salvadorenho. Eram amigos, rezavam juntos, pensavam juntos o futuro do povo, criavam estratégias pastorais e políticas de libertação. No sentido estrito da palabra, era uma equipe que praticava dia a dia a Teologia da Libertação. A morte dos jesuítas foi um ato terrorista contra a Teologia da Libertação. Os mataram, precisamente, porque faziam teologia libertadora em um processo concreto de liber-

E, aqui, precisamente, nesse vínculo estreito entre teologia e martírio, manifesta-se tanto a força e a eficácia de sua atividade intelectual/teológica (uma palavra tão verdadeira e eficaz que *é preciso* eliminá-la[18]), quanto, como destacou Víctor Codina, a novidade e a especificidade de seu martírio. A citação é longa, mas vale a pena:

> Desde os primeiros séculos da Igreja não havia teólogos mártires. Na Igreja primitiva conhecemos os nomes de Justino, Inácio de Antioquia, Cipriano, Irineu de Lyon e outros que juntaram a teologia e o testemunho de seu sangue. Depois, houve teólogos santos (Agostinho, Tomás, Boaventura, Belarmino...), mas a teologia deixou de ser perigosa, pelo menos para os poderes públicos do Estado. Em nossos dias, a teologia na América Latina volta a ser perigosa porque volta a ser profética. Diante de uma teologia acadêmica que goza de certo prestígio profissional e social no primeiro mundo e que só padece atualmente de tensões intraeclesiais, a teologia, na América Latina, é suspeitosa não só para algumas instâncias eclesiais, mas também para os governos alinhados com o império. Os assassinos de Ellacuría e seus companheiros quiseram desencabeçar uma linha universitária e teológica comprometida com o povo. Quiseram realizar um escarmento público, justiçar uma opção teológica a partir de outra teologia, a chamada "civilização cristã-ocidental". A morte de Ellacuría não é apenas teologal, mas "teológica" – teólogo e mártir; mártir por sua mesma teologia profética. Ellacuría devolveu à teologia o caráter testemunhal dos primeiros séculos, purificou-a de todo caráter mundano e deu a essa profissão seu estatuto real: saber dá razão da esperança ao povo com a palavra e a vida, ser

---

tação popular... Essa equipe tinha acumulado demasiada santidade e inteligência, o que era insuportável para os poderosos" (RICHARD, Pablo, apud CARRANZA, op. cit., p. 137).

[18] Depois de receber a ordem de eliminar Ellacuría, o coronel Benevides chama o tenente Espinoza, que havia comandado a operação de busca na UCA, na noite do dia 13 de novembro, e o encarrega de tal missão: "Essa é uma situação na qual são eles ou somos nós; vamos começar pelos cabeças. Dentro de nosso setor temos a universidade e aí está Ellacuría [...]. Você fez o registro e sua gente conhece esse lugar. Use o mesmo dispositivo do dia do registro e tem que eliminá-lo. E não quero testemunhas" (DOGGETT, op. cit., p. 117).

testemunha com a vida e com a palavra do Senhor morto e ressuscitado, anunciar o reino com todas as suas consequências.[19]

Com Ellacuría, a teologia (1) supera o que Jon Sobrino denuncia como "o divórcio gerado entre o que é a revelação de Deus e o que ela exige (o amor) e aquilo de que se ocupa formalmente a teologia (explicação, aprofundamento de verdades)",[20] (2) constitui-se como "momento consciente e reflexo" da práxis eclesial que é a práxis do seguimento de Jesus Cristo, isto é, de realização histórica do reinado de Deus neste mundo[21] e, deste modo, (3) recupera sua dimensão profética com tudo o que isso comporta de boa notícia para os pobres e oprimidos e implica de perseguição por parte dos ricos e opressores, (4) tornando-se, assim, uma "palavra eficaz" de salvação. Numa palavra, a teologia se torna cristã no sentido mais estrito e autêntico da palavra: momento consciente e reflexo do processo de realização do reinado de Deus neste mundo, cuja prova de fogo é, sem dúvida, a (in)existência de pobres e oprimidos.

Nisto reside a força e a atualidade de seu quefazer teológico e, consequentemente, a importância de explicitarmos e desenvolvermos, fiel e criativamente, esse modo ou método de fazer teologia.

## Método da teologia da libertação

Uma das contribuições teológicas mais originais e fecundas de Ignacio Ellacuría diz respeito, precisamente, à explicitação e à fundamentação (ainda que parciais!) do método da teologia da libertação. E essa é a problemática central de nossa tese doutoral. Nela, procuramos, analítica e sistematicamente, explicitar e formular o método teológico por ele exercitado e parcialmente elaborado, tal como aparece em seus escritos teológicos.[22]

---

[19] CODINA, op. cit., p. 269.

[20] SOBRINO, Jon. Teología en un mundo sufriente. La teología de la liberación como "intellectus amoris". *El principio-misericordia*: Bajar de la cruz a los pueblos crucificados. Santander: Sal Terrae, 1992, pp. 47-80, aqui p. 75.

[21] Cf. ELLACURÍA, Ignacio. La teología como momento ideológico de la praxis eclesial. *Escritos Teológico I*. San Salvador: UCA, 2000, pp. 163-185.

[22] Cf. ibid. Id. *Escritos Teológicos II*. San Salvador: UCA, 2000; Id. *Escritos Teológicos III*. San Salvador: UCA, 2002; Id. *Escritos Teológicos IV*. San Salvador: UCA, 2002.

Aqui, não faremos senão apresentar, de modo extremamente resumido e condensado, quase em forma de teses, o resultado de nosso estudo.

*Grosso modo*, pode-se resumir o aporte de Ellacuría à explicitação e fundamentação do método da teologia da libertação em três pontos fundamentais que desenvolveremos brevemente a seguir: sua problematização (1), sua direção ou orientação fundamental (2) e sua estrutura básica, tanto em seus elementos constitutivos quanto em sua unidade dinâmico-operativa (3).

## *Problematização do método da TdL*

O método teológico diz respeito ao caminho ou modo de intelecção da realidade teologal e sua problematização consiste na consideração crítica desse caminho ou modo de intelecção. São momentos ou aspectos complementares, mas distintos.

Por um lado, o método teológico é inseparável da atividade teológica e, em certo sentido, até se confunde com ela. Consiste no modo concreto de fazer teologia que só se dá e só se verifica na medida em que se faz teologia de um modo determinado: só se teologiza, teologizando. Independentemente de se refletir ou não sobre o método utilizado, na medida em que se faz teologia, faz-se sempre de uma maneira ou de outra, com um método ou com outro. Não há escapatória. Toda intelecção e todo pensamento dão-se sempre de um modo determinado que é o seu método de intelecção ou de pensamento. É o que Ellacuría chama "momento real do método que se usa".[23] Com a teologia não é diferente: dá-se sempre de um modo concreto. Daí que o método teológico ou o modo de fazer teologia se identifique com a própria teologia.

Por outro lado, o método aparece como o "aspecto crítico e operativo, reflexamente considerado",[24] do quefazer teológico. Consiste na problematização e na explicitação dos pressupostos e da estrutura fundamental de uma teologia qualquer e, enquanto tal, supõe essa mesma teologia como "fundamentação última do que, desde outro ponto de vista, aparece como

---

[23] Id. Un tema filosófico capital. *Escritos Filosóficos III*. San Salvador: UCA, 2001, pp. 283-289, aqui p. 286.

[24] Id. Hacia una fundamentación del método teológico latinoamericano. *Escritos Teológicos I*. San Salvador: UCA, 2000, pp. 187-218, aqui p. 188.

método".[25] É o que Ellacuría chama "momento crítico do método que se pensa".[26] Não se trata, aqui, de outro método, distinto do que nos referíamos antes. Trata-se do mesmo método, só que criticamente considerado. São momentos ou aspectos complementares, mas distintos: se todo pensamento se efetiva ou se produz com um método específico, nem todo pensamento se dá de uma forma crítica. Além do mais, o "momento crítico" do método supõe sempre seu "momento real".

Pois bem, a problematização da TdL consiste na consideração crítica de seu método, isto é, na explicitação e fundamentação tanto de sua orientação ou direção fundamental quanto de sua estrutura fundamental: elementos constitutivos em sua unidade e operatividade. É o que veremos nos itens seguintes.

## Direção ou orientação fundamental do método da TdL

Um primeiro aspecto da abordagem crítica do método da TdL consiste na explicitação e fundamentação de sua direção ou orientação fundamental, isto é, dos "supostos filosóficos fundamentais, nos quais a atividade teológica deve se apoiar e que devem servir de inspiração e de critério para ela".[27]

Diferentemente de outros modos de fazer teologia, cuja preocupação e orientação fundamentais residem na busca e "compreensão do sentido" (interpretação) das afirmações dogmáticas ou da positividade da fé, a preocupação e orientação fundamentais da TdL, diz Ellacuría, residem na realização histórica (práxis) da salvação, isto é, na "transformação da realidade e, nela, a transformação da pessoa". Frente a teologias predominantemente "intelectualistas", centradas nas ideias, no diálogo cultural, na lógica discursiva etc, a TdL é uma teologia predominantemente "realista" e práxica, centrada na realidade que procura inteligir (e não na ideia ou conceito dessa realidade) e em sua realização histórica, isto é, na busca de mediações concretas de sua efetivação (e não apenas na busca de seu sentido).[28] Certamente, interessa

---

[25] Ibid.
[26] Id. Un tema filosófico capital, op. cit.
[27] Id. Hacia una fundamentación del método teológico latinoamericano, op. cit., p. 201.
[28] Cf. ibid., p. 200.

à TdL o sentido das afirmações teológicas, mas em função de sua realização histórica, como um momento do processo de realização da salvação.

Essa afirmação do primado da práxis sobre o sentido na TdL de Ignacio Ellacuría não é uma afirmação gratuita feita em função de algum ativismo pastoral ou político e em prejuízo da atividade estritamente teórica. Ela está fundamentada na análise da própria intelecção humana. Ao contrário do que se costuma pensar, a intelecção não é primariamente especulação (teórica), mas um modo de enfrentamento (práxico) e não consiste formalmente em "compreensão de sentido", mas em "apreensão de realidade".[29] É claro que todas as coisas, enquanto apreendidas intelectivamente, adquirem algum sentido na vida humana que é preciso explicitar. Mas o sentido, enquanto sentido da coisa apreendida, está fundado na coisa mesma e sua interpretação pressupõe sua apreensão. De modo que, primária e formalmente, a intelecção consiste em "apreender a realidade" e em "enfrentar-se com ela" como "realidade", isto é, como algo *de suyo* (*ex se*) ou *en propio*.[30] Vejamos como isso se dá na TdL, explicitando a estrutura fundamental de seu método.

## Estrutra fundamental do método da TdL

O segundo aspecto da abordagem crítica do método de TdL consiste na explicitação de sua estrutura fundamental, considerando tanto cada um de seus elementos ou aspectos constitutivos (3.1) quanto a unidade e operatividade desses aspectos ou momentos (3.2). É o que veremos a seguir.

Mas, antes, convém chamar atenção para o caráter estrutural do método da TdL. Falar do método como estrutura ou da estrutura do método implica reconhecer, por um lado, que ele está constituído por uma diversidade de elementos ou aspectos irredutíveis e, por outro lado, que esses diversos elementos ou aspectos, embora irredutíveis, estão, pelo menos no método, referidos uns aos outros – só se tornam operativos e determinantes do quefazer teológico em respectividade uns aos outros. Não falamos, aqui, simplesmente, em temas da teologia (reinado de Deus, atividade intelectiva, lugar social), mas em elementos ou aspectos constitutivos e determinantes

---

[29] Cf. ibid., pp. 202-211.
[30] Cf. ibid, pp. 207s.

do próprio quefazer teológico – um fazer estruturado e dinamizado, fundamentalmente, por uma diversidade de elementos ou aspectos em respectividade constitutiva e operativa. É neste sentido, precisamente, que falamos, aqui, de estrutura fundamental do método da TdL. Ele só existe na unidade estrutural radical desses elementos ou aspectos e sua riqueza depende da riqueza e mútua determinação desses mesmos elementos ou aspectos. Daí a necessidade de sua dupla consideração.

*Elementos ou aspectos constitutivos*: os elementos ou aspectos constitutivos e determinantes do método da TdL são basicamente três: reinado de Deus, atividade intelectiva e mundo dos pobres e oprimidos como lugar teologal/teológico fundamental.

A. Um primeiro elemento ou aspecto constitutivo e determinante do método da TdL é seu "âmbito de realidade": a realização histórica do reinado de Deus. A TdL não trata de "Deus sem mais" (se é que é possível!), mas de "Deus tal como se faz presente na própria situação histórica"[31] (única forma de acesso a Deus). Daí a insistência de Ellacuría em que o "objeto" da TdL não seja propriamente "Deus", mas a realização histórica do "reinado de Deus",[32] tanto no que tem de *reinado* (realização histórica) quanto no que tem *de Deus* (transcendência), mas em sua unidade estrutural radical. Não falamos de reinado de Deus, aqui, como um tema importante ou mesmo o mais importante da teologia nem sequer, simplesmente, como o determinante do fazer eclesial. Falamos de reinado de Deus, aqui, como determinante do fazer teológico enquanto tal. O que seja uma teologia do reinado de Deus depende, em última instância, do que seja esse reinado de Deus e de como ele se deixe apreender intelectivamente. Primeiro, porque, enquanto intelecção *do* reinado de Deus, a teologia supõe esse reinado, sem o qual poderia ser qualquer coisa, menos intelecção do reinado de Deus: sem reinado de Deus

---

[31] Ibid., p. 212.
[32] Id. Fe y justicia (1977). *Escritos Teológicos III*, cit., pp. 307-373, aqui p. 311; Id. La teología como momento ideológico de la praxis eclesial (1978), op. cit., pp. 175s; Id. Relación teoría y praxis en la teología de la liberación (1985). *Escritos Teológicos I*, op. cit., pp. 235-245, aqui p. 235; Id. Teología de la liberación frente al cambio socio-histórico en América Latina (1987). *Escritos Teológicos I*, cit., pp. 313-345, aqui p. 315; Id. Aporte de la teología de la liberación a las religiones abrahámicas en la superación del individualismo y del positivismo (1987). *Escritos Teológicos II*, cit., pp. 193-232, aqui pp. 202s.

não há teologia do reinado de Deus. Segundo, porque o acesso intelectivo ao reinado de Deus depende, em boa medida, da forma como ele está configurado e se deixa inteligir: o acesso intelectivo a uma realidade puramente espiritual, se é que é possível, é, certamente, distinto do acesso intelectivo a uma realidade histórica, por mais espiritual que seja. De modo que a realização histórica do reinado de Deus constitui a "totalidade concreta e histórica com a qual se enfrenta", intelectivamente, a TdL[33] e, enquanto tal, é um elemento ou aspecto constitutivo e determinante do quefazer teológico. Não é apenas a realidade a ser teologizada, como se o processo de teologização fosse algo à parte e independente da realidade teologizada. É um momento constitutivo e determinante do próprio processo de teologização.

B. Um segundo elemento ou aspecto constitutivo e determinante do método da TdL é a atividade propriamente intelectiva. Por mais importante e determinante que seja o "âmbito de realidade" no fazer teológico, ele nem é suficiente para que haja teologia nem a determina absolutamente. Só há teologia na medida em que esse "âmbito de realidade" é apreendido intelectivamente e elaborado teoricamente. Se é verdade que sem reinado de Deus não há teologia *do reinado de Deus*, também é verdade que sem atividade intelectiva tampouco há *teologia* do reinado de Deus. São aspectos inseparáveis, mas irredutíveis. A TdL é uma teologia (atividade intelectiva) do reinado de Deus (âmbito de realidade) e sua riqueza e profundidade dependem tanto da riqueza e profundidade de seu âmbito de realidade quanto da riqueza e profundidade de sua atividade intelectiva. No que diz respeito à atividade propriamente intelectiva, a teologia é *um momento da* práxis do reinado de Deus – seu momento consciente e reflexo por excelência.[34] Enquanto momento, por um lado, ela está parcialmente determinada pela práxis do reinado de Deus da qual recebe sua última determinação (é um momento *de*), mas, por outro lado, ela tem uma estrutura e um dinamismo próprios, tem exigências e atividades específicas e necessita, ademais, de todo um aparato técnico próprio que a tornam irredutível e que precisam ser reconhecidos e desenvolvidos (é *um* momento). Frente a posturas e tendências idealistas é

---

[33] Id. Hacia una fundamentación del método teológico latinoamericano, cit., p. 212.

[34] Cf. id. La teología como momento ideológico de la praxis eclesial, cit., p. 171; Id. Relación teoría y praxis en la teología de la liberación, cit, pp. 235-245.

preciso insistir que a teologia, enquanto teoria, não é uma atividade autossuficiente nem paira sobre si mesma: em boa medida depende da práxis do reinado de Deus e está determinada por ela (é um momento *de*). Mas frente a posturas e tendências pragmaticistas e ativistas é preciso insistir que a teologia, por mais que seja um momento da práxis do reinado de Deus, é um momento irredutível a outros momentos dessa práxis e, enquanto tal, precisa ser reconhecida e desenvolvida ao máximo (é *um* momento).

C. Um terceiro elemento ou aspecto constitutivo e determinante do método da TdL é o mundo dos pobres e oprimidos como o lugar teologal e teológico fundamental. Por lugar teologal e teológico não se entende, aqui, "temas fundamentais" (Melanchthon)[35] nem "domicílios de argumentos" (Cano),[36] mas "lugar social" (Ellacuría/Sobrino):[37] o lugar de realização e de intelecção do reinado de Deus. Mais que "matéria-prima" da teologia e mais que "meio no qual" o teólogo vive,[38] o lugar social dos pobres e oprimidos constitui um "meio com o qual" se faz teologia[39] – é um momento constitutivo e determinante do próprio processo de intelecção teológica. E por várias razões. Primeiro, porque a realidade que a teologia procura inteligir, o reinado de Deus, é uma realidade constitutivamente histórico-social e está intrinsecamente referida ao mundo dos pobres e dos oprimidos, como se pode comprovar na Sagrada Escritura. Segundo, porque, enquanto lugar privilegiado de realização do reinado de Deus (práxis teologal), ele é, consequentemente, o lugar privilegiado de sua intelecção (teoria teológica). Terceiro, porque é o destinatário privilegiado do reinado de Deus a serviço do

---

[35] Cf. MELANCHTHON, Philipp. *Loci communes*: 1521. Lateinisch-Deutsch. Gütersloh: Verlagshaus Gerd Mohn, 1993, pp. 17-25.

[36] Cf. CANO, Melchor. *De locis theologicis*. Madrid: BAC, 2006, pp. 5-10.

[37] ELLACURÍA, Ignacio. El auténtico lugar social de la iglesia. *Escritos Teológico II*, cit., pp. 439-451; Id. Los pobres, "lugar teológico" en América Latina. *Escritos Teológicos I*, cit., pp. 139-161; SOBRINO, Jon. *Jesus, o libertador*: a história de Jesus de Nazaré. Petrópolis: Vozes, 1996, pp. 42-61.

[38] Cf. BOFF, Clodovis. Teologia e prática: teologia do político e suas mediações. Petrópolis: Vozes, 1982, pp. 26, 157, 377, 385; Id. Teologia e prática. *REB* 36/144 [1976] 789-810, aqui p. 796.

[39] Cf. ELLACURÍA, Ignacio. Relación teoría y praxis en la teología de la liberación, cit, p. 240; SOBRINO, op. cit., pp. 56s; Id. Ignacio Ellacuría: La inteligencia al servicio del pueblo crucificado. In: VV.AA. *Para una filosofía liberadora*: Primer encuentro de filosofía. San Salvador: UCA, 1995, pp. 13-30, aqui p. 29.

qual está a própria teologia, enquanto seu momento intelectivo por excelência. Quarto, porque, enquanto destinatário privilegiado e lugar fundamental de realização do reinado de Deus, ele constitui o lugar fundamental de historicização ou verificação da teologia (sua prova de fogo) e um princípio ou critério fundamental de sua desideologização (revelação de sua verdade ou falsidade). De modo que, se o lugar social dos pobres e oprimidos não produz automaticamente nenhuma teologia nem garante sua qualidade teórica, na medida em que é determinante de seu "âmbito de realidade" (destinatário e lugar de realização) e de sua atividade intelectiva (lugar de intelecção, destinatário e critério), é determinante do próprio quefazer teológico. Não é apenas algo sobre o que se teologiza ou a serviço do que se põe a teologia, mas é um momento do próprio processo de teologização, isto é, do método teológico.

*Unidade e operatividade*: no item anterior apresentamos, de modo extremamente condensado, os elementos ou aspectos do método da TdL (reinado de Deus como "âmbito de realidade", atividade intelectiva, mundo dos pobres e oprimidos como lugar teologal/teológico fundamental), explicitando em que consiste cada um deles e em que sentido ou de que maneira eles são constitutivos e determinantes do método teológico.

Aqui, queremos explicitar e enfatizar a unidade estrutural radical desses elementos como constitutiva do método e como princípio de sua operatividade: o método só existe e só funciona na unidade estrutural e dinâmica desses elementos e esses elementos só nos interessam, aqui, enquanto momentos do método em sua unidade dinâmico-estrutural. De alguma forma, isso já ficou claro no item anterior. Vimos, aí, que, embora cada um deles tenha uma estrutura e um dinamismo próprios (*um* momento do método), na medida em que é constitutivo e determinante do método, só existe e só funciona em respectividade aos outros elementos (um momento *do* método). Mas se antes destacamos a especificidade e o caráter irredutível de cada um deles, agora queremos insistir em sua unidade estrutural e dinâmica.

A. Certamente não há teologia do reinado de Deus sem realização histórica do reinado de Deus. Isso é claro. Mas essa realização nem se dá independentemente do lugar social nem produz automaticamente uma teologia. Pór um lado, é uma realização constitutivamente social (pelo que tem de histórica) e intrinsecamente referida ao mundo dos pobres e dos oprimidos (pelo que tem de reinado de Deus). Por outro lado, só se torna determinante do método teológico na medida em que é enfrentada intelectivamente e elaborada teoricamente.

B. Tampouco há teologia sem atividade propriamente intelectiva. Aliás, a teologia consiste, precisamente, em intelecção. Mas intelecção *do* reinado de Deus e intelecção socialmente mediada. Enquanto intelecção *do* reinado de Deus é duplamente determinada por ele: enquanto constitui o "objeto" a ser inteligido e enquanto condiciona seu acesso intelectivo. Enquanto intelecção socialmente mediada, depende, em boa medida, tanto das possibilidades intelectivas socialmente produzidas e mediadas, quanto dos interesses sociais inerentes a toda atividade intelectiva.

C. Sequer pode-se falar de teologia prescindindo completamente do lugar social dos pobres e oprimidos, por mais que ele não determine absolutamente o fazer teológico. Primeiro, porque ele é o destinatário e o lugar privilegiados do reinado de Deus. Segundo, porque ele é o lugar mais adequado de intelecção do reinado de Deus, o destinatário privilegiado da teologia, o lugar por excelência de sua historicização e um de seus princípios fundamentais de desideologização. De modo que o lugar social dos pobres e oprimidos é constitutivo e determinante tanto do "âmbito de realidade" da teologia quanto do exercício de sua atividade propriamente intelectiva.

Vemos, portanto, que, por mais irredutíveis que sejam, os diversos elementos ou aspectos do método da TdL (reinado de Deus, atividade intelectiva e mundo dos pobres e oprimidos) estão respectivamente constituídos (cada um deles constitui um momento *de* todos os demais) e só nessa respectividade se tornam operativos. A ausência total de algum desses elementos impossibilita o método e o pouco desenvolvimento de algum deles compromete sua fecundidade e a qualidade da teologia produzida.

Evidentemente, cada um desses elementos pode ser considerado em si mesmo e, em certo sentido, isso é até bom e necessário a fim de que possa dar de si o máximo possível. Quanto mais cada um deles for desenvolvido (abrangência, riqueza de aspectos, rigor conceitual etc.), tanto mais poderá enriquecer o método e torná-lo fecundo. Mas, e isso é o que nos importa aqui, enquanto momento do método teológico, só existe e só funciona em respectividade com os demais momentos.

Além do mais, é claro que se pode desenvolver mais e melhor um ou outro elemento (por exemplo, o reinado de Deus) ou mesmo um ou outro aspecto de cada um desses elementos (escritura, situação atual etc.), dependendo do contexto em que é abordado e dos interesses e das capacidades de quem aborda. Isso é sempre muito relativo e se dá em toda atividade intelectiva. Em todo caso, não se pode prescindir absolutamente de nenhum deles no fazer teológico. A riqueza e fecundidade do método da teologia da libertação dependem, simultaneamente, do desenvolvimento de cada um desses aspectos ou elementos e de sua mútua determinação.

O método da TdL exercitado e parcialmente elaborado por Ignacio Ellacuría está estruturado, portanto, por esses três elementos ou aspectos (reinado de Deus, atividade intelectiva e mundo dos pobres e oprimidos) em sua unidade constitutiva e operativa. Sua fecundidade e profundidade dependem da riqueza e da respectividade desses elementos, bem como da profundidade de sua elaboração e formulação teóricas. Quanto mais esses elementos dão de si e se determinam mutuamente e quanto mais esse dar de si em mútua determinação é elaborado e formulado, mais o método dá de si. E aqui reside a problemática e o desafio da *fecundidade* e da *atualidade* da teologia de Ellacuría ou do que poderíamos chamar sua *memória* teológico-martirial.

## Memória teológico-martirial

Estamos celebrando os 20 anos do martírio de Ignacio Ellacuría. Um modo privilegiado de fazer *memória* de sua entrega radical é, sem dúvida, atualizando/desenvolvendo, fiel e criativamente, seu *labor teológico*. E não apenas nem em primeiro lugar porque este foi seu modo por excelência de atuação/serviço e porque desta forma seus escritos seriam divulgados e ele seria mais conhecido, mas, sobretudo, por sua eficácia, fecundidade e atualidade evangélicas.

Não se trata, simplesmente, de divulgar sua obra nem de repetir o que ele disse nem, muito menos, de absolutizar suas formulações, como se ele tivesse dito tudo e da melhor forma possível. Isso seria, além de uma des-

-historicização da teologia (dele e de qualquer teólogo/a), a negação radical de uma das características mais fundamentais e mais determinantes de sua teologia: a historicidade. Trata-se, antes, de atualizar e desenvolver criativamente suas intuições teológicas fundamentais no atual contexto em que vivemos, de modo que a teologia continue sendo, aqui e agora, uma "palavra eficaz" de salvação, enquanto "momento" consciente e reflexo da práxis do reinado de Deus neste mundo[40] ou, na formulação primeira de Gustavo Gutiérrez, enquanto "um momento do processo através do qual o mundo é transformado", abrindo-se, assim, "ao dom do Reino de Deus".[41]

Nisso, precisamente, consiste o que chamamos memória teológico-martirial: atualização e desenvolvimento de uma teologia que seja, real e verdadeiramente, uma "palavra eficaz" de salvação em nosso contexto, cujo critério e medida são sempre as necessidades e os clamores das "maiorias populares" ou dos "povos crucificados".

A propósito da memória de Oscar Romero, advertia Ellacuría:

> Há uma memória que é mera recordação do passado; uma memória arquivada, uma memória do que já não está vivo. Há outra memória que torna o passado presente, não como mera recordação, mas como presença viva, como algo que sem estar mais presente, tampouco é de um todo ausente porque, definitivamente, é parte da própria vida; não da vida que foi e passou, mas da vida que continua. Com dom Romero e sua memória, a pergunta fundamental é de que memória se trata: uma memória morta ou uma memória viva, a presença de um cadáver ao qual se venera ou a presença de um ressuscitado que interpela, vigora, alenta e dirige [...]. Ninguém esquece dom Romero, mas não todos o recordam como ressuscitado e presente.[42]

---

[40] Cf. ELLACURÍA, Ignacio. La teología como momento ideológico de la praxis eclesial, cit., p. 171.

[41] GUTIÉRREZ, Gustavo. *Teologia da libertação*: perspectivas. São Paulo: Loyola, 2000, p. 74.

[42] ELLACURÍA, Ignacio. Memória de monseñor Romero, cit., p. 115. "Em alguns atua mais o temor de que a Igreja e o povo voltem a se encontrar com as dores de parto daquele tempo crucificado. O passado já passou. Pode-se até considerá-lo como um passado glorioso, um passado do qual vão se gloriar, mas que não há que continuar acontecendo porque 'as circunstâncias são outras, a situação é distinta'" (ibid.).

O mesmo vale, *mutatis mutandis*, para o que chamamos memória teológico-martirial de Ellacuría. Não se trata, simplesmente, de recordar sua atuação, seus escritos, sua teologia etc. Trata-se, sim, de levar adiante, profética e criativamente, esse modo ellacuriano de fazer teologia, através do qual ela se constitui como "palavra eficaz" de salvação em nosso contexto, ou seja, como intelecção e mediação do reinado de Deus em nosso mundo. É desta forma que ele continuará presente entre nós, que seu labor teológico não perderá sua atualidade e sua eficácia e que sua memória se constituirá, ela mesma, em "palavra eficaz" de salvação e, portanto, memória cristã no sentido mais estrito da palavra: atualização, em nossa vida, daquilo que celebramos.

Aqui reside a eficácia profética da memória do mártir-teólogo Ignacio Ellacuría: atualização em nossa vida e atividade intelectual-teológica de sua entrega aos pobres e oprimidos deste mundo. E não obstante as incompreensões e perseguições eclesiais e políticas e, se "preciso" ou "necessário", o martírio. Afinal, se perseguiram a Ele, é normal que persigam aos seus (cf. Jo 15,20).

E, assim, sua memória teológico-martirial, mais que lembrança de um passado e de uma teologia que passaram, por mais admiráveis e louváveis que sejam, constitui-se em desafio e missão, vale repetir: em atualizar, eficazmente, em nossa vida e atividade intelectual-teológica sua entrega aos pobres e oprimidos deste mundo.

## A modo de conclusão

Essa memória teológico-martirial parece-nos o modo mais ellacuriano de celebrar seu martírio. Em primeiro lugar, porque se trata de atualizar em nossa vida sua entrega radical às "maiorias populares" ou aos "povos crucificados". Em segundo lugar, porque se trata de uma entrega ao modo mesmo da entrega de Ellacuría: mediante a atividade intelectual/teológica.

É claro que o mais fundamental e mais determinante é a entrega radical aos pobres e oprimidos. E é claro também que essa entrega pode se dar de muitos modos, dentre os quais, a atividade intelectual/teológica.

Provavelmente esse não seja o modo mais importante de entrega/serviço aos pobres e oprimidos nem, muito menos, o mais urgente e imediatamente mais eficaz. Em todo caso, é um serviço necessário e, de alguma forma, imprescindível, ainda que insuficiente,[43] no processo de libertação dos pobres e oprimidos e de instauração do reinado de Deus, sobretudo em mundo complexo como o nosso, no qual o saber e o conhecimento se constituem cada vez mais como poder de configuração, na graça ou no pecado, da vida coletiva.

Celebrando, pois, agradecida e comprometidamente o martírio de Ignacio Ellacuría e de seus companheiros, assumamos como comunidade eclesial e, dentro dela, como comunidade acadêmica o desafio de seguir fazendo teologia como "palavra eficaz" de salvação em nosso mundo, cuja missão fundamental é "descer da cruz os povos crucificados"[44] e cujo critério permanente são os clamores e as necessidades das "maiorias populares" ou dos "povos crucificados" – n'Ele, senhores e juízes de nossas vidas, igrejas e teologias (Mt 25,31-46).

---

[43] Cf. íd. Teología de la liberación frente al cambio socio-histórico en América Latina, cit., p. 316; Id. Conclusiones sobre la teología de la liberación. *Escritos Teológicos IV*. San Salvador: UCA, 2002, pp. 291-293, aqui pp. 292s.

[44] Assim concluía Ellacuría sua conferência "las iglesias latinoamericanas interpelan a la iglesia de España", na XIII Semana Teológica de Valladolid em 1981: "Queria apenas duas coisas [...]: que vocês pusessem seus olhos e seu coração nesses povos que estão sofrendo tanto – uns de miséria e fome e outros de opressão e repressão – e, depois (já que sou jesuíta), que diante desse povo assim crucificado fizessem o colóquio de Santo Inácio na Primeira Semana dos Exercícios, perguntando-se: O que eu fiz para crucificá-lo? Que faço para que o descrucifiquem? Que devo fazer para que esse povo ressuscite?" (Id. Interpelación de la iglesias latinoamericanas a la Iglesia de Espana. *Escritos Teológicos II*, cit., pp. 589-602, aqui p. 602). Da mesma forma concluía seu discurso na Universidade de Santa Clara, na Califórnia, ao receber o título de *Doutor Honoris Causa*, falando da missão da UCA e da colaboração da universidade de Santa Clara nessa mesma missão: "Bastaria que pusessem parte de seu potencial universitário e todo seu coração humano e cristão ante a realidade de um mundo crucificado e respondessem à tríplice pergunta que Santo Inácio de Loyola se fazia ante o paradigma de todos os crucificados: O que eu fiz por esse mundo? Que faço agora por ele? E, sobretudo, que devo fazer? Que deve fazer uma universidade norte-americana pelos povos latino-americanos, quando [...] os Estados Unidos é uma das forças mais determinantes no político, no econômico e também no cultural da realidade latino-americana? A resposta fica aberta à sua responsabilidade pessoal e universitária" (Id. Discurso de graduación em la Universidad de Santa Clara. *Escritos Universitários*. San Salvador: UCA, 1999, pp. 221-228, aqui p. 228).

# 7

# Sobre o conceito "lugar teológico"[1]

Um dos pontos mais decisivos e mais polêmicos da teologia da libertação (TdL) diz respeito precisamente à compreensão e à determinação do "lugar teológico". E isso tanto em relação aos críticos da TdL, como revela, por exemplo, a *Notificação* da Congregação para a Doutrina da Fé sobre dois livros de Jon Sobrino, quanto entre os próprios teológicos da libertação, como revela o debate recente sobre o método dessa teologia desencadeado pelas críticas de Clodovis Boff. Por trás da polêmica está, entre outras questões, duas compreensões bem distintas do conceito "lugar teológico", cujos principais representantes são o dominicano espanhol Melchor Cano (1509-1560),[2] por um lado, e os jesuítas espanhóis/salvadorenhos Jon Sobrino (1938-)[3] e Ignacio Ellacuría (1930-1989),[4] por outro lado. Aqui, interessa-nos, simplesmente, explicitar, em forma de tese, essas duas compreensões e sua possível articulação e complementaridade.

Partindo da distinção entre argumentos de razão e argumentos de autoridade e da afirmação do primado da Autoridade sobre a Razão na teologia,[5] Melchor Cano, baseando-se nos *Tópicos* de Aristóteles, compreende os "lugares teológicos" como os lugares de onde se tiram os argumentos teológicos:

---

[1] Publicado na *REB* 278 (2010) 251-253.
[2] Cf. CANO, Melchor. *De locis theologicis*. Madrid: BAC, 2006.
[3] Cf. SOBRINO, Jon. *Jesucristo liberador*. Lectura histórico-teológica de Jesús von Nazaret. San Salvador: UCA, 2000, pp. 51-72.
[4] Cf. ELLACURÍA, Ignacio. Los pobres, "lugar teológico" en America Latina. *Escritos Teológicos I*. San Salvador: UCA, 2000, pp. 139-161; Id. El auténtico lugar social de la iglesia. *Escritos Teológicos II*. San Salvador: UCA, pp. 439-451.
[5] Cf. CANO, op. cit., pp. 7s.

Assim como Aristóteles propôs em seus *Tópicos* uns lugares comuns como sedes e sinais de argumentos, de onde se pudesse extrair toda argumentação para qualquer classe de disputa, de maneira análoga, nós propomos também certos lugares próprios da teologia como domicílios de todos os argumentos teológicos, de onde os teólogos podem sacar todos os seus argumentos ou para provar ou para refutar.[6]

Ele estabelece dez "lugares teológicos": autoridade da Sagrada Escritura, autoridade das Tradições de Cristo e dos Apóstolos, autoridade da Igreja Católica, autoridade dos Concílios, autoridade da Igreja Romana, autoridade dos Santos Padres, autoridade dos Teólogos Escolásticos e dos Canonistas, Razão Natural, autoridade dos Filósofos e autoridade da História Humana.[7] Os argumentos que se extraem dos sete primeiros lugares são argumentos "inteiramente próprios" da teologia, enquanto os que se extraem dos três últimos lugares são argumentos "adscritos e como que mendigados do alheio".[8] Dos dez "lugares teológicos", diz ele,

> os dois primeiros contêm os "princípios próprios e legítimos" da teologia, enquanto os três últimos contêm os "princípios externos e alheios", pois os cinco intermediários contêm ou a interpretação dos princípios próprios ou essas conclusões que nasceram e saíram deles.[9]

Para Melchor Cano, "lugar teológico" significa, portanto, os "domicílios" ou as "fontes"[10] de argumentos da teologia, ou seja, os lugares de onde se podem extrair os mais diversos argumentos teológicos.

Jon Sobrino e Ignacio Ellacuría, por sua vez, considerando o caráter histórico-social do conhecimento teológico bem como sua possível e comprovada ideologização, compreendem o "lugar teológico", fundamentalmente, como lugar social: o mundo dos pobres e dos oprimidos como lugar privilegiado da revelação e, consequentemente, da fé (práxis teologal) e de sua

---

[6] Ibid., p. 9.
[7] Cf. ibid., pp. 9s.
[8] Cf. ibid., p. 10.
[9] Ibid., p. 692.
[10] Algumas vezes Cano fala do "lugar teológico" como "fonte". Cf. ibid., pp. 217, 505, 662, 682.

intelecção (teoria teológica). Vivemos em uma sociedade dividida (ricos x pobres, oprimidos x opressores) e o lugar social em que nos situamos exerce um papel decisivo na configuração de nossa vida prática e teórica. De modo que, do ponto de vista estritamente teologal e teológico, não dá no mesmo situar-se no lugar social dos ricos ou no lugar social dos pobres.[11] Neste contexto, Ellacuría distingue, ao menos metodologicamente, entre "lugar" e "fonte" da teologia. Por "fonte" da teologia, entende o "depósito da fé", isto é, "aquilo que, de uma ou de outra forma, mantém os conteúdos da fé". Por "lugar" da teologia, entende o a partir de onde (social) se tem acesso às "fontes" da fé e da teologia e o a partir de onde essas mesmas "fontes" dão mais ou menos de si. Seria, portanto, "um erro", diz ele, "pensar que bastaria o contato direto [...] com as fontes para estar em condição de ver nelas e de sacar delas o que é mais adequado para o que há de constituir uma autêntica reflexão teológica".[12] Não por acaso a parcialidade de Deus pelos pobres e a centralidade da libertação na revelação e na fé bíblicas foram redescobertas precisamente num continente marcado pela pobreza e pela opressão. Essa distinção entre "lugar" e "fontes" da teologia desempenha um papel fundamental na cristologia de Jon Sobrino. O "lugar" da cristologia, diz ele, é muito importante para que esta "use adequadamente" tanto suas "fontes do passado" (textos) quanto suas "fontes do presente" (presença atual de Cristo na história – fé real em Jesus Cristo). "Para algumas cristologias, o lugar teológico são substancialmente *textos* [e aqui faz referência explícita a Melchor Cano], embora tenham que ser lidos em um lugar físico e embora se tenham em conta as exigências novas da realidade, os sinais dos tempos num sentido histórico pastoral. Para a cristologia latino-americana, o lugar teológico é, antes de tudo, algo real, uma determinada *realidade histórica* na qual se crê que Deus e Cristo continuam fazendo-se presente; por isso é lugar teologal antes que lugar teológico e lugar a partir do qual se podem reler mais adequadamente dos textos do passado".[13] E esse lugar não é outro se não "os pobres deste mundo"!

---

[11] Cf. ELLACURÍA, Ignacio. El auténtico lugar social de la iglesia, cit., pp. 439ss.
[12] Id. Los pobres, "lugar teológico" en America Latina, cit., p. 152.
[13] SOBRINO, op. cit., p. 58.

Temos, aqui, portanto, duas concepções bem distintas, não necessariamente contrárias, de "lugar teológico": "fontes" ou "domicílios" de argumentos teológicos (Melchor Cano) e mundo dos pobres e oprimidos como "lugar social" (Ignacio Ellacuría – Jon Sobrino). Se é verdade que não se pode fazer teologia prescindindo de suas "fontes", também é verdade que o acesso às fontes da teologia – que não se reduzem a textos; menos ainda a textos do passado! – se dá sempre em um "lugar social" determinado, mais ou menos adequado. Quando Jon Sobrino, por exemplo, fala dos "pobres deste mundo" como "lugar teológico", como "lugar da cristologia", não está substituindo "a fé apostólica" pelos pobres, como acusa a Notificação romana, "de modo pertinente" segundo Clodovis Boff. O que a Notificação romana e Clodovis Boff, seguindo Tomás de Aquino e Melchor Cano, chamam "lugar teológico", Ignacio Ellacuría e Jon Sobrino chamam "fontes" da teologia – como fazem algumas vezes Mechor Cano e a própria Notificação –, reservando a expressão "lugar teológico" para designar o a partir de onde, o horizonte, o ponto de vista ou a perspectiva social em que o teólogo se situa ao ler e interpretar as próprias "fontes" da teologia.

# Posfácio

*Leonardo Boff*

## Teologia da libertação e ruptura do paradigma clássico

A obra de Francisco de Aquino Júnior – *Teoria teológica – práxis teologal* – tem o mérito de manter vivo o debate que se travou entre vários teólogos que reagiram a um artigo de Frei Clodovis Boff publicado na *Revista Eclesiástica Brasileira* em 2010 sobre o método da Teologia da Libertação. Fundamentalmente, afirmava este, que os teólogos da libertação haviam substituído Deus pelos pobres como o objeto da teologia, o que seria um grave erro metodológico.

Não é o lugar de sumariar os principais tópicos do debate, o que é feito com muita acribia pelo autor. Não apenas refere os termos da discussão senão que entra no seu mérito e avança no esclarecimento do que pode ser o método da teologia em geral e especificamene da Teologia da Libertação. Desfaz distorções, faz justiça a teólogos incompreendidos e até censurados por Clodovis Boff. Mostra fina capacidade de análise e não menor habilidade de síntese.

Não me proponho retomar a questão para não ser redundante. Ouso suscitar algumas questões que pretendem alargar o horizonte da Teologia da Libertação, já que ela não se apresenta acabada, mas se quer sempre em construção.

### *A permanente atualidade da Teologia da Libertação*

Antes de mais nada, cabe enfatizar, como o autor o faz no primeiro capítulo, a atualidade da Teologia da Libertação, especialmente contra seus detratores e face àqueles grupos que a consideram coisa dos anos 70 do século passado e que, após as duas intervenções oficiais das autoridades vaticanas em 1984 e 1986, teria perdido legitimidade, acelerando assim o seu desaparecimento.

Importa reconhecer que aqueles que assim pensam, seguramente, nunca entenderam o que está em causa com a Teologia da Libertação. Nem captaram as angústias que a fizeram surgir. Ela nasceu da escuta do grito dos pobres de nosso Continente e do mundo inteiro, do clamor por vida, por justiça, por compaixão e por libertação. Esse clamor se transformou nos últimos anos num grito canino de mais de um bilhão de pessoas, grito que se dirige ao céu porque a pobreza aumentou, a situação de vida piorou e graves ameaças pesam sobre a biosfera, sobre a Terra e sobre a continuidade da espécie humana neste planeta. A partir da degradação geral do sistema-vida, o apocalipse pode prescindir de Deus.

## *A centralidade dos pobres e oprimidos*

Como não refletir teologicamente a partir desta situação de um Jó coletivo? Já se disse acertadamente que uma teologia que não incluir em seu quefazer esta questão de vida ou de morte não escapa do cinismo, da irresponsabilidade e da completa irrelevância histórica. Quem não escuta a voz do Crucificado nos pobres e oprimidos não está na herança do Jesus histórico e, no fundo, suas palavras são falsas e não tem nada a dizer a Deus nem nada a dizer sobre o Deus da revelação.

Enquanto houver alguém gritando no mundo por vida e por libertação, será sempre imperativo e digno empenhar-se, em nome do evangelho, por sua vida e libertação. E isso vale até o juízo final. Cabe lembrar, como disse um espírito místico, que, na tarde da vida, seremos julgados pelo amor e pelos gestos de libertação que tivermos praticado ou não para com os famintos, sedentos, oprimidos e nus. Nenhuma teologia é livre deste juízo dos pobres que Jesus chamou de "meus irmãos e irmãs menores" (Mt 25,40). Não são prédicas, mas práticas que salvam. Nem a pura fé desnuda salva. Só aquela informada pelo amor como diz a tradição dos concílios da Igreja.

Não importa que a Teologia da Libertação não goze da visibilidade que possuía antes e que não seja mais assunto de conversa nas ruas e de polêmicas nos meios de comunicação. Esses são critérios da "carne", não do "Espírito". O fato é que seus teólogos são ainda objeto de discriminação, difamação e perseguição, exatamente porque se arrogam erguer a voz em nome dos que não têm voz e compareçam como zeros econômicos no mundo do mercado.

Mas o decisivo reside em que esses teólogos entenderam o permanente desafio que a humanidade sofredora representa para a comunidade cristã e para a tarefa da teologia. E prosseguem em seu esforço de escuta e de compromisso com esta causa, entendida como a causa de Jesus quando passou entre nós.

O importante não é a teologia, mas a libertação, pois esta e não aquela é um bem do Reino de Deus. A Teologia da Libertação deve, pois, corroborar na produção histórica deste bem, da libertação concreta dos sofredores e dos oprimidos.

A pergunta que cada teólogo da libertação sempre se faz é essa: como andam os pobres? Como está o Reino de Deus dentro de suas penas e movimentos? Por isso a marca registrada da Teologia da Libertação é: a opção pelos pobres, contra a pobreza e em favor da vida e da liberdade, sendo eles mesmos os sujeitos principais de sua libertação. Este é o *punctum stantis e cadentis* da Teologia da Libertação. O resto, se não cuidarmos, decai em tagarelice e na *scurrilitas* (superficialidades) como criticava Tomás de Aquino. Desta crítica, em parte, não escapa o texto de Clodovis Boff que, no termo final, fazendo as contas, tirando e pondo, sobra uma Teologia da Libertação sem os pobres. Cabe perguntar se esse tipo de Teologia da Libertação merece ainda tal nome. E mais. Que tipo de teologicidade guarda uma teologia, pouco importa a determinação que se lhe queira dar, que desconsidera a eminente dignidade teológica dos pobres, antes os coloca de lado, como elemento perturbador da razão solar?

## *A Teologia da Libertação dentro da revolução cultural*

A segunda questão que importa suscitar consiste em libertar a Teologia da Libertação de seu encapsulamento eclesial. Ela deve ser entendida como momento de um movimento maior que varreu a Europa, com os jovens e depois os EUA e por fim a América Latina no final dos anos 60 do século passado. Derrubaram tradições, se opuseram a sistemas sociais opressores e buscaram formas novas de se expressar, de viver e de exercer a liberdade. Neste contexto sócio-histórico emergiu a palavra-geradora *libertação*. Nisso tudo não estava ausente o Espírito cujo campo privilegiado de ação é a história.

A Teologia da Libertação representa a repercussão dentro das Igrejas desse *Weltgeist*. Cristãos e cristãs se perguntavam: como o capital espiritual do Cristianismo pode dar a sua contribuição ao processo de libertação que tenha como sujeitos os próprios oprimidos e os injustamente empobrecidos? E aí se fez a penosa constatação de que, os cristãos e as Igrejas em geral, são os que mais falam de libertação, mas são outros que efetivamente libertam. Isso não precisa ser assim. Foi então que muitos, inspirados na mensagem cristã, criaram movimentos sociais de libertação ou entraram naqueles já constituídos.

## A Teologia da Libertação como Ecoteologia da Libertação

A terceira questão que importa conscientizar é a necessária superação do antropocentrismo e do sociocentrismo que caracteriza as principais elaborações da Teologia da Libertação. No afã de conhecer a sociedade injusta para transformá-la, sob a inspiração evangélica, a Teologia da Libertação previlegiou o diálogo com as ciências do homem e da sociedade. Aprendeu muito, especialmente, a importância do lugar social a partir de onde a reflexão teológica e a prática pastoral são realizadas.

A cabeça pensa a partir de onde os pés pisam. Uma coisa é ler o evangelho no meio dos pobres e excluídos de uma comunidade de periferia (favela) e outra é no centro urbano onde vive a classe dominante que detém o ter, o poder e o saber. As palavras e a mensagem ganham acentos diferentes. A Teologia da Libertação descobriu que é a partir dos condenados da Terra que o evangelho emerge como boa notícia. Num mundo injusto amar a todos implica tomar partido pelos vulneráveis e invisíveis. Se Deus é vida e amor significa então que a Ele importa que cegos vejam, coxos andem e pobres escutem a mensagem libertadora de Jesus. A Teologia da libertação fez, neste sentido, uma verdadeira revolução espiritual.

Mas não basta se centrar no ser humano pobre e na sociedade discricionária. Eles não vivem nas nuvens. Comem, bebem, respiram o ar, são parte da natureza. Quando falamos hoje de natureza nos remetemos imediatamente à ecologia. O processo industrialista dos últimos séculos se fez degradando a natureza, quebrando o equilíbrio físico-químico do planeta Terra a ponto de pôr em risco as condições de produção e reprodução da vida. Criou-se uma máquina de morte, capaz de destruir por muitas formas diferentes toda a espécie humana até seu último representante e danificar perigosamente a biosfera.

A Teologia da Libertação tardiamente se deu conta de que dentro da opção pelos pobres devia colocar, em primeiro lugar, o Grande Pobre que é a Terra submetida a um processo avassalador de depredação. Sem ela, perdemos a base da vida humana, do projeto planetário e da existência mesma da Teologia da Libertação e de qualquer outra teologia. A Terra pode viver sem nós como viveu por milhões e milhões de anos, nós é que não podemos viver sem ela. Desta consciência está nascendo uma vigorosa Ecoteologia da Libertação. Parte de uma nova centralidade: a questão não é mais como salvar o Cristianismo ou a civilização moderna ou a Teologia da Libertação, mas em que medida o Cristianismo, as Igrejas e as teologias colaboram no cuidado pela vida e na salvaguarda da Terra.

Esta questão desloca o eixo da reflexão: do pobre injuriado para a sociedade injusta e da sociedade injusta para a Terra devastada. E como veremos mais abaixo, da Terra devastada para o todo do universo em evolução. Eles formam uma totalidade una, complexa e inter-retro-conectada, marcada por mecanismos de exploração e de opressão de tal monta que tornam problemático o futuro comum da humanidade e da vida assim como a conhecemos. Juntos com outras forças devemos contribuir na construção de uma Arca de Noé salvadora de todos.

## *A Teologia da Libertação para além do paradigma grego*

Por fim, estimo que a Teologia da Libertação deve ir além do paradigma clássico do quefazer teológico que herdamos da tradição grega. Ao ler os vários capítulos deste livro, teoricamente bem travejado, dei-me conta de que a maioria das questões levantadas por Clodovis Boff e a reação de seus contendentes não eram propriamente questões de teologia, mas impasses derivados do paradigma grego de racionalidade, dominante ainda na cultura e nos nossos centros sociais de saber. Ele não é posto em questão face ao modo como hoje percebemos a realidade, nem sequer é conscientizado em seus limites. E é urgente que o façamos se quisermos dar conta da situação epistemológica mudada na contemporaneidade.

Sem fornecer as devidas mediações, o que nos levaria longe, e indo diretamente *in medias res*, diria: com o surgimento das ciências da vida e da Terra (a mecânica quântica, a teoria da relatividade de Einstein, a nova biologia, as neurociências e principalmente a astrofísica e a cosmologia contemporânea e outras, todas englobadas pela teoria da evolução ampliada) mudou significativamente nossa percepção da realidade. Já não nos é suficiente o *logos* grego e a *razão* cartesiana.

Como o mostrou magistralmente Jean Ladrière em seu livro *Os desafios da razão no Ocidente*, a razão não é tudo nem entende tudo. Existe o arracional e o irracional. Antes dela, vigora o vasto e obscuro campo da passionalidade onde ela lança suas raízes e acima dela existe o mundo do espírito, da inteligência e do êxtase. D. Goleman em sua *Inteligência emocional* mostrou empiricamente, como já afirmava a tradição platônico-agostiniana, que a primeira reação do ser humano face ao real não é comandada pela razão mas pela emoção. Somente alguns momentos depois desperta a razão. Clodovis mostra uma clara concepção racionalista da razão e lhe confere tal dominância sobre todos os demais saberes, como os do coração pelo amor e pela compaixão, que significa verdadeiramente a instauração da ditadura da razão. Nem se precisa assinalar que esta concepção não tem nada a ver com a tradição bíblica para a qual o pensamento está antes nas entranhas que na cabeça.

A moderna cosmologia, com a qual me tenho ocupado há muitos anos (veja meu livro junto o pedagogo e astrofísico Mark Hathaway, *The Tao of Liberation. Exploring the Ecology of Transformation*, N.Y. 2010) nos fornece, no quadro do processo evolutivo, uma leitura sugestiva e fecunda para o que quefazer teológico. A partir dela articulei minha produção a partir dos anos 80 do século passado, não sem árduo trabalho de apropriação de um novo paradigma, com os conteúdos de ciência, com os quais a teologia não costumava dialogar.

Para ir diretamente ao assunto, parte-se da admissão de um pressuposto bem fundado sobre o qual há grande consenso na comunidade científica: tudo o que hoje existe resulta de um longo processo de evolução que começou há cerca de 13,7 bilhões de anos. Medindo a radiação de fundo que nos vem todos os lados do universo – último eco da grande explosão primordial –, chegou-se a este resultado. A partir de 1924, com os trabalhos do astrônomo Hubble, ficou claro que o universo está em expansão. O seu estado normal é o movimento e não a estabilidade como até aquela data Einstein ainda acreditava.

O processo de evolução se deriva da Energia de Fundo, aquele oceano, sem margens, de energia originária que subjaz a todo o universo e a cada ser existente. O surgimento daquele pontozinho "infinitamente" minúsculo que depois se expandiu e explodiu e do qual se deriva tudo o que hoje existe, é uma das expressões, entre outras possíveis (universos paralelos), desta Energia de Fundo. Os cosmólogos lhe atribuem características que as religiões soem reservar a Deus: é inefável, misterioso, incomensurável. Para nós teólogos não se trata de Deus, mas talvez de sua melhor metáfora. Deus é aquele Antes do antes, realmente um Mistério inominável que pôs tudo em marcha, desde a Energia de Fundo e todas as demais energias (em distinto graus de densidade como a matéria) que compõem o universo. Ele é chamado de Fonte Originária de todo o Ser.

O processo de evolução se expande, se autocria, se auto-organiza e se complexifica crescentemente, gerando ordens cada vez mais altas até irromperem como vida e, como subcapítulo da vida, a consciência e inteligência. O próprio espírito faz parte da ordem geral das coisas, como aquele momento da consciência pelo qual nos sentimos ligados e conectados com tudo e como parte do Todo, com capacidade de identificar aquele Elo que tudo liga e *re-liga*, de entrar em diálogo com Ele e de estabelecer, cheio de respeito e reverência, um laço de comunhão com Ele.

Tudo o que ocorre na criação, na natureza e na história são tidas como emergências desta Energia de Fundo, incluído o espaço da liberdade humana. As culturas humanas, as instituições, as religiões e as Igrejas são igualmente emergências deste Fundo inominável e sempre ativo, cheio de virtualidades que vão se realizando ao longo do processo cosmogênico. A própria encarnação do Filho estava sendo preparada no coração do universo até emergir desde dentro. Tudo é profundamente unitário e diverso, tudo é relacionado com tudo em todos os pontos e circunstâncias e nada existe fora da relação. Neste sentido não existe uma razão em si, ela é um momento da realidade maior e se encontra conectada como tudo o mais.

Há um fato da evolução que tem interesse para a nossa discussão que girava sobre o *intellectus fidei* e a *ratio theologica*: há 125 milhões de anos irromperam no nosso sistema de vida, quem sabe, da nossa galáxia e do universo, os mamíferos. Sua importância reside no fato de carregarem sua cria dentro de si e quando nascida é cercada de cuidado e de amor. Nesse momento se forjou o cérebro límbico, sede das emoções, do afeto, do cuidado e do amor. Aqui é o nicho dos valores e dos grandes significados e sonhos do ser humano. A religião nasceu do sentimento profundo do mistério do mundo e não das especulações da razão. Nós humanos não somos simplesmente animais racionais, somos mamíferos emocionais. Somos feitos, primeiramente, de *pathos*, de *eros*, de capacidade de sentir, de afetar e de sermos afetados.

O *pathos* constitui, portanto, a nossa estrutura mais fundamental. Somente nos últimos 5-7 milhões de anos emergiu o cérebro neocortical, responsável pela razão formal pela qual construímos nossos conceitos e ordenamos racionalmente nosso mundo. Como se infere, a razão vem depois e sempre é impregnada de emotividade. Daí se entende o esforço de tantos pensadores contemporâneos, contra o excesso da razão formal e instrumental-analítica, de resgatar os direitos da razão emocional, da razão cordial e da razão sensível, como vem sendo feito por M. Maffesoli (*Elogio da razão sensível*), A. Cortina (*Resgate da razão sensível*), Damasio, Duarte Jr., Demo entre nós e pelas filósofas e teólogas feministas norte-americanas e outros.

Estas referências são importantes para limitar as pretensões da razão. As razões começam com a razão. A razão em si mesma não tem razão. É emergência misteriosa que está aí. Por isso limitar a razão teológica como *intellectus fidei* e entendendo a fé como *depósito* de doutrinas ou como *positividade* de seus dogmas e doutrinas, estabelecidas pelo Magistério conciliar e papal, é rebaixar nossa capacidade de penetração nos *profunda Dei*. A razão tem seu lugar mas não ocupa todos os lugares. De mais e mais, a concepção do *depósito da fé* é um conceito recente, surgido, como o mostrou Y. Congar, nas polêmicas contra os incompreendidos modernistas, no final do século XIX e inícios do século XX.

A concepção da fé como adesão a verdades reveladas ou do cristianismo como religião de mistérios, inacessíveis à razão e por isso objeto de pura fé, é moderna e não recolhe a grande tradição que via no mistério não o limite da razão, mas o ilimitado da razão, portanto, aquilo que é cognoscível mas nunca se esgota em cada conhecimento, tese fundamental de Karl Rahner, baseado na mais antiga concepção dos Padres acerca do *mysterium/sacramentum*.

A *Dei Verbum* do Vaticano II, não sem influência direta de K. Rahner e de J. Ratzinger, concebeu a revelação não como comunicação de verdades, mas como autocomunicação de Deus assim como é. As verdades são traduções deste real mistério de amor e de entrega, sem resto, de Deus. Ora, essa autocomunicação de Deus não se congelou no passado, mas é um dado permanente e continuado da história e da economia da salvação.

Daí se entende que o primeiro livro que atesta a autocomunicação de Deus seja a criação no Espírito. Nela se encontra tudo o que Deus nos quer dizer. Esse é o grande livro, acessível a todos e que todos podem ler. Porque perdemos a gramática de sua leitura, por causa de nossa decadência, Deus nos entregou um segundo livro, as Escrituras judaico-cristãs, mas também todos aqueles livros sagrados que ajudaram e continuam ajudando a humanidade a viver no amor e na verdade e a buscar a justiça e a paz. Este segundo livro não invalida o primeiro. Foi-nos entregue para que voltássemos ao livro da criação para detectar nele o desígnio salvador de Deus.

Esta interpretação não é nova. Goza da mais alta ancestralidade, encontrada já nos primeiros Padres de Alexandria, em Agostinho e culminando numa grande visão sistemática em São Boaventura no mundo medieval. Hoje temos muito mais condições de perceber a complexidade da criação ao se tentar refazer as condições iniciais que permitiram surgir as primeiras partículas materias (os topquarks no campo de Higgs) e penetrando até o segredo da vida pela leitura do código genético, chamado pelo organizador mundial da pesquisa, Francis A. Collins, de *A linguagem de Deus*.

Esta reflexão não é destituída de consequências para uma Teologia da Libertação. Ela deve dialogar com as ciências da vida e da Terra que nos abrem perspectivas novas acerca da presença e atuação do Espírito e do Cristo cósmico na evolução. Só uma teologia que perdeu seu olhar místico, incapaz de detectar Deus em todas as coisas, pode se formalizar de forma tão reducionista como fez Clodovis Boff em suas críticas ao método da Teologia da Libertação. Ela se torna tão abstrata e formal que não permite ver os fenômenos que ela quer aclarar, além de se mostrar incompreensível para a maioria dos que se interessam pela causa dos pobres e da Terra flagelada, à luz da presença de Deus no mundo. Ao invés de atrair as pessoas para a causa da Teologia da Libertação, as afugenta. Não há que esquecer que toda teologia e particularmente a Teologia da Libertação é um momento da missão maior da Igreja que é a evangelização. Ela deve dar relevo ao caráter de Boa-Nova e de alegria trazidas pela mensagem libertadora de Jesus, especialmente aos pobres e excluídos.

A entrada do discurso das ciências da vida e da Terra na Teologia da Libertação obriga-a a mudar de paradigma, a assumir a unidade e a diversidade do processo cosmogênico, biogênico, antropogênico e, para nós cristãos, o cristogênico. O ser humano surgiu como uma das possibilidades da Energia de Fundo e do desígnio divino para ser aquele pelo qual o próprio universo se vê, se sente, se pensa e se ama a si mesmo. A própria Terra é viva, se autorregula e articula todos seus elementos físico-químicos de tal forma que se faz sempre apta a produzir vida. Nós mesmos somos aquela porção da Terra que sente, pensa, ama, cuida e venera. O próprio universo é como um espelho pelo qual Deus se contempla a si mesmo.

A própria Teologia da Libertação deve ser entendida como uma emergência do processo da Terra que, devido à injustiça praticada contra as grandes maiorias empobrecidas, permite que se criem as condições histórico-sociais para que cristãos e cristãs se solidarizem com as vítimas e junto com elas procurem um outro tipo de vida social, no qual seja menos difícil a justiça e o amor.

O método da Teologia da Libertação tem que ampliar seu horizonte para dar lugar ao sentimento profundo que se expressa pela compaixão para com as vítimas, pela inteligência simbólica dos grandes sonhos e imagens que mobilizam as pessoas, pela razão que busca motivos para melhor compreender e amar a Deus e a sua criação, pela inteligência espiritual que capta as mensagens que nos vêm de todos os lados e nos revelam a *grandeur* da natureza, da Terra e do universo. Seu objeto será sempre Deus, mas o Deus autocomunicado a alguém e à sua criação e presente de forma densa e provocativa no universo dos pobres e oprimidos, vale dizer, daqueles que menos vida têm. Ele, sendo vivo e "soberano amante da vida" (Sb 11,26), toma o partido deles.

## Conclusão: os riscos do presente e a Teologia da Libertação

Não nos é permitido separar aquilo que Deus mesmo uniu, isto é, Deus e mundo, Deus e vida, Deus e os pobres, o Pai nosso e o pão nosso. Jesus viveu esta união. O método de qualquer teologia, sobretudo o da Teologia da Libertação, deve traduzir esta unidade complexa que é a lógica de Deus em sua criação que, penosamente, pelo processo de evolução, ascende passo a passo rumo ao Reino da Trindade.

O livro de Francisco de Aquino Júnior repõe em seus termos sensatos, contra a exacerbação racionalista de Clodovis Boff, o método da Teologia da Libertação. Vivemos tempos dramáticos para o futuro da vida e de nossa civilização. O tempo do relógio corre contra nós. Por isso mais do que nunca, a libertação de uma forma de relação predatória da Mãe Terra, causa da criação dos milhões de pobres do mundo, predominante nos últimos séculos, na direção de outra com mais benevolência e cuidado, faz-se urgente. A Teologia da Libertação é desafiada a dar a sua contribuição singular. Diante de um grande risco coletivo, perder-se em diatribes metodológicas sem fim comporta certa irresponsabilidade e alienação. Mais do que *como fazer* (método) precisamos de um *fazer libertador*, cujos conteúdos nos reforcem na proteção de nossa Casa Comum e no cuidado do mistério sagrado da vida.

Impresso na gráfica da
Pia Sociedade Filhas de São Paulo
Via Raposo Tavares, km 19,145
05577-300 - São Paulo, SP - Brasil - 2017